Saggi

ROSY BINDI

Una sanità uguale per tutti

Perché la salute è un diritto

Con la collaborazione di
Chiara Rinaldini

SOLFERINO

SOLFERINO

www.solferinolibri.it

ISBN 978-88-282-1645-2
Prima edizione: settembre 2025

La sanità pubblica italiana è fondata sui principi di universalità, equità, solidarietà, che però oggi rischiano di non essere applicati. Per favore, conservate questo sistema, che è un sistema popolare nel senso di servizio al popolo, e non cadete nell'idea forse troppo efficientista – alcuni dicono «moderna»: soltanto la medicina assicurativa o quella a pagamento e poi nient'altro. No. Questo sistema va curato, va fatto crescere, perché è un sistema di servizio al popolo.

Papa Francesco

In memoria di
Flavia Franzoni e Giovanni Bissoni
per il contributo dato al welfare italiano

La lezione dimenticata

La salute degli italiani oggi è fra le migliori del mondo, grazie anche alla nostra sanità. Non solo siamo tra i Paesi più longevi, ma per i tumori, ad esempio abbiamo alte percentuali di guarigione e fra i più lunghi tempi di sopravvivenza. Significa che sappiamo fare ricerca, organizzare programmi di prevenzione, fare diagnosi precoci e applicare terapie complesse, e costose.

Eppure giornali e tv raccontano con frequenza settimanale la diffusa insoddisfazione dei cittadini, pubblicano grafici che misurano le lunghe liste d'attesa, il costante divario tra Nord e Sud del Paese, la grave carenza di molte figure professionali. Il malessere dei pazienti e degli operatori convive insomma con le buone pratiche e i buoni risultati in una continua oscillazione tra eccellenza e degrado. Una condizione di precarietà che potrebbe non garantire più qualità dei servizi per tutti.

Il nostro Servizio sanitario nazionale è in crisi; alcuni parlano di una crisi «di sistema». Per questo credo che sia importante, e anche molto utile, richiamare l'attenzione sul momento difficile che il nostro Sistema sanitario attraversa.

A me pare evidente che fra diritti sociali e libertà civili e beni comuni vi sia un rapporto così stretto che non si può affrontare la crisi della sanità senza fare i conti con le chiare difficoltà che attraversano anche il sistema democratico del nostro Paese e riflettono al contempo la crisi del sistema delle relazioni internazionali.

Il rapporto tra cittadini e istituzioni è in crisi anche a causa della incapacità delle nostre democrazie di assicurare quel benessere che abbiamo conquistato dalla fine della Seconda guerra mondiale a oggi. Cresce la sfiducia nei confronti della politica, ma anche nel vincolo sociale che per lunghi anni ha saputo conciliare diritti individuali, libertà civili e beni comuni. L'aumento delle diseguaglianze, l'aumento della povertà e l'impoverimento del ceto medio stanno paradossalmente provocando la fuga nell'individualismo e nella ricerca di soluzioni personali a problemi che richiederebbero, al contrario, più solidarietà e maggiore impegno per assicurare a tutti i beni comuni: la salute, l'istruzione, il lavoro.

L'eclissi del multilateralismo, cioè della volontà di trovare soluzioni collettive a problemi comuni, si riflette anche sulla tutela della salute. Ha prodotto scalpore ad esempio, la decisione del presidente Trump di uscire dalla Organizzazione mondiale della sanità. Una scelta molto grave che ha avuto qualche risonanza anche in Italia, soprattutto dopo la grande paura del Covid e con la minaccia di possibili nuove pandemie a partire da alcuni Paesi africani e dagli stessi Stati Uniti, per una influenza aviaria che potrebbe avere effetti devastanti sul resto del mondo, molto peggiori di quelli del Covid. Una decisione che è il sintomo della malattia che ha colpito le relazioni internazionali e quindi anche le sue istituzioni, dall'Onu alla Corte penale internazionale. Una malattia causata a sua volta da eventi drammatici, che hanno cancellato il senso di condivisione che per un breve periodo la pandemia aveva prodotto. Il ritorno della guerra in Europa, la guerra in Medio Oriente di cui la distruzione di Gaza è uno degli eventi più drammatici, che allontana ancora una volta la soluzione di una terra per i palestinesi e della sicurezza per Israele. Ma anche la crisi quotidiana e apparentemente senza fine dei migranti che da queste guerre spesso tentano di fuggire. Ciascuno di questi eventi ha portato il suo contributo a quell'amalgama di paure, insicurezze, odio e persino violenze che sono presenti anche nelle democrazie più antiche e alimenta le pulsioni securitarie e l'isolamento individuale, che producono populismi e autocrazie.

Il nesso fra diritti sociali e libertà civili va tenuto a mente anche quando consideriamo la tutela della salute nel nostro Paese. Siamo a ottant'anni dalla Liberazione, che ha prodotto la nostra Costituzione e a più di quarant'anni dalla istituzione del Servizio sanitario nazionale, che ha attuato il diritto costituzionale alla salute.

Mi sembra cruciale considerare la crisi che il nostro Sistema sanitario sta attraversando nel contesto dell'erosione dei diritti fondamentali riconosciuti dalla Costituzione, sia sul fronte dei diritti sociali – la salute, il lavoro, l'istruzione – che su quello delle libertà civili.

Sono stata ministro della Sanità nei governi Prodi e D'Alema, dal 1996 al 2000, e da allora non ho più avuto responsabilità istituzionali in questo settore. Ma non ho smesso di interessarmi di sanità e salute e in questi venticinque anni mi sono sempre schierata in difesa di un sistema di welfare pubblico e solidale sia in Parlamento che attraverso l'impegno nell'associazionismo. Appartengo a una cultura politica che crede nella possibilità – e nella necessità – di conciliare benessere delle persone e delle comunità e crescita economica attraverso l'azione collettiva.

Sono convinta che il benessere dei singoli e delle comunità sia l'effetto di molti fattori sociali, economici, climatici e ambientali, e che questo si rifletta nelle dimensioni della vita individuale e collettiva: dal benessere personale alla possibilità di partecipare e contribuire alla vita democratica.

Mi sembra che questo sia il significato autentico

di *One Health*, un termine oggi di moda, con il quale si indica la stretta interdipendenza tra la salute umana, quella animale e quella dell'ambiente. Che implica anche salute globale, perché quello che vale per le persone di un Paese non può che valere anche per tutti: è il concetto della tutela della salute come parte e presupposto dei diritti umani.

Oggi tutto questo sembra più difficile malgrado le lezioni che avremmo dovuto apprendere dalla pandemia. La pandemia ha fatto emergere la crisi latente in cui versava un Sistema sanitario ridotto allo stremo da un ventennio di politiche di austerità. Le terapie intensive al collasso per carenza di posti letto, i medici e gli infermieri stremati dai turni massacranti, la tragica contabilità dei morti tra gli anziani nelle Residenze sanitarie assistite (Rsa), i servizi territoriali impoveriti e sguarniti delle competenze necessarie, i medici di famiglia lasciati soli hanno restituito al Paese l'immagine della vulnerabilità di un sistema sottoposto a una straordinaria prova di resilienza. Dallo sforzo di quei mesi eroici il Sistema sanitario non si è più ripreso e continua a soffrire di una specie di *long* Covid, come alcuni dei pazienti che in quei giorni si sono ammalati.

Una organizzazione prostrata ha consumato tutte le sue residue energie in uno sforzo estremo: questa è, per me, la prima lezione.

La seconda è che durante quel periodo abbiamo riscoperto la nostra finitezza e il nostro bisogno degli altri. Il tema della cura è divenuto subito impellente. Ricordo l'attenzione e il largo consenso suscitati dall'enciclica *Fratelli tutti* nella quale Papa Francesco auspicava che «un così grande dolore non sia inutile, che facciamo un salto verso un nuovo modo di vivere e scopriamo una volta per tutte che abbiamo bisogno e siamo debitori gli uni degli altri». Il Santo Padre sottolineava la necessità di costruire una comunità nella quale uomini e donne «fanno propria la fragilità degli altri... si fanno prossimi e rialzano e riabilitano l'uomo caduto, perché il bene sia comune». Un po' ovunque si ripeteva «nulla sarà più come prima». Il modello di cura fondato sul mercato è apparso inadeguato a molti, e anche a livello globale sono cominciati i lavori per un nuovo trattato per il controllo della diffusione delle malattie infettive e per una più equa distribuzione mondiale dei vaccini e delle risorse tecnologiche che durante la pandemia era mancata. L'Unione Europea impegnava grandi risorse in un programma post Covid – Next Generation EU – per costruire un'Europa più resiliente, più sostenibile e verde. La salute è stata percepita come un bene comune, ed è questa la terza lezione. E come altri beni comuni – la pace, il lavoro, l'acqua e l'aria – la sua tutela non può essere affidata alle logiche del profitto ma va ricondotta alla responsabilità pubblica con una scelta politica conseguente.

Ma è stata solo una breve parentesi, e anche questa è una lezione: la «nuova normalità» pensata durante la pandemia non si è mai realizzata.

Ben presto, infatti, è subentrata una diffusa smemoratezza su ciò che avevamo appena attraversato, non diversamente da quanto era successo con la grande crisi finanziaria del 2008. Il dibattito sulla cura è tornato ai margini, sopravanzato da quello sulle esigenze della produzione con una contrapposizione artificiosa e ideologica tra emergenza sanitaria ed emergenza economica, tra ragioni della vita e ragioni dell'economia.

In sanità il ritorno alla «vecchia normalità» ha riproposto gli antichi problemi in forma più grave. La spesa pubblica ha ripreso a diminuire e quella privata delle famiglie ad aumentare. Le liste d'attesa si sono allungate e molti hanno deciso di rinunciare alle cure piuttosto che affrontare i prezzi dei mercati privati. Sono aumentate le diseguaglianze tra il Centro-Nord e il Mezzogiorno nell'accesso ai servizi. Nei pronto soccorso e nei reparti sempre più sguarniti di personale è comparsa la strana figura dei medici e degli infermieri «gettonisti», liberi professionisti associati in cooperative chiamati a coprire turni pagati dalla Asl con gettoni sostanziosi, mentre la fuga all'estero o nel privato ha avuto un'impennata. La frustrazione dei cittadini è cresciuta fino a sfociare in aggressioni anche fisiche verso quegli stessi professionisti che nei mesi dell'emergenza pandemica erano stati celebrati come eroi.

Sono alcuni dei segni della crisi attuale, non certo la prima nella storia del nostro Sistema sanitario. Ma questa è una crisi più grave e soprattutto diversa dalle altre perché colpisce il carattere nazionale del Servizio sanitario e mina i suoi principi fondamentali di universalità, equità, globalità di assistenza e finanziamento attraverso la fiscalità generale.

Una crisi non certo circoscritta all'Italia. I sistemi di sicurezza sociale pubblici arrancano in tutta Europa, dove accantonata la strategia della risposta unitaria e comune alla pandemia sono tornati a prevalere i populismi e gli egoismi nazionalistici mentre i costi sono aumentati anche per l'invasione russa dell'Ucraina, che ha innescato una nuova crisi energetica e drenato imponenti risorse per sostenere lo sforzo bellico di Kiev.

In Inghilterra il *National Health Service* ha deciso di chiedere aiuto all'*Independent Sector*, il non molto apprezzato sistema delle strutture private per abbattere tempi di attesa tanto lunghi da minare la tradizionale fiducia dei cittadini inglesi. Negli Stati Uniti, la nuova amministrazione Trump ha conferito importanti incarichi di governo a persone che hanno espresso posizioni antiscientifiche su temi come l'efficacia dei vaccini e il cambiamento climatico, e sostengono cause eterodosse sconfessate dalla comunità scientifica. I suoi primi atti hanno messo in difficoltà i più prestigiosi centri di ricerca e di governo della sanità americana, a cominciare dai *National Institutes of Health* che coordinano la ricerca di base e clinica, e i *Centers for Disease Control and Prevention* che hanno avuto un ruolo importante nel controllo della pandemia.

Mentre lo smantellamento dell'agenzia federale che si occupa di cooperazione sta minando la sopravvivenza di fondamentali programmi di prevenzione nei Paesi più poveri dell'Africa.

In campagna elettorale Donald Trump aveva reiterato la promessa di cancellare la riforma delle assicurazioni sanitarie realizzata da Barack Obama che aveva già inutilmente tentato di sopprimere durante il suo primo mandato. La riforma dava la possibilità di assicurarsi anche alle persone a più basso reddito e ai portatori di malattie, che erano esclusi da qualunque copertura sanitaria.

La schiacciante vittoria elettorale di Trump ha smentito chi sosteneva che la sanità e le critiche al sistema assicurativo avrebbero orientato la scelta degli elettori verso i democratici. Eppure appena un mese dopo l'elezione del nuovo presidente l'America è stata scossa dal brutale omicidio di Brian Thompson, Ceo della *United Healthcare*, la più grande delle compagnie assicurative sanitarie. A freddarlo con un colpo di pistola in strada a Manhattan, sarebbe stato un giovane di ventisei anni che si è presentato, ed è stato percepito da alcuni come un vendicatore delle vittime del sistema assicurativo sanitario. Sulle pallottole aveva inciso le parole *deny*, *delay*, *defend* (nega, ritarda, difendi in giudizio), che sintetizzano la strategia delle compagnie assicurative per ostacolare l'accesso alla assistenza sanitaria piuttosto che facilitarla. In Italia non c'è stato niente di così orribile, per fortuna, e il nostro sistema è ancora il più equo ed economico. Ma mentre medita di spaccare il Paese con l'autonomia differenziata, il governo dichiara l'insostenibilità finanziaria del Servizio sanitario nazionale e pensa di affiancare a quella pubblica una «seconda gamba» privata, affidata a fondi e assicurazioni sanitarie, senza neppure cogliere il paradosso di chiamare in soccorso del Servizio sanitario forme di assistenza che sono l'esatta antitesi dei suoi principi.

Una combinazione azzardata e potenzialmente letale, che potrebbe provocare la fine del Servizio sanitario nazionale e riportarci ai tempi delle mutue.

Nel novembre del 2024, oltre cento associazioni della società civile impegnate su fronti diversi nella promozione del diritto alla salute e composte da cittadini, studenti, e operatori della sanità pubblica e privata, hanno lanciato l'appello *Non possiamo restare in silenzio!* a sostegno del Servizio sanitario nazionale e promosso una serie di iniziative di confronto e proposta per arginare il declino della sanità pubblica. Qualche mese prima un gruppo di autorevoli scienziati italiani, tra i quali il premio Nobel per la fisica Giorgio Parisi, avevano firmato il manifesto *Non possiamo fare a meno del Servizio sanitario pubblico*, nel quale chiedevano al governo di garantire risorse adeguate alla sanità pubblica.

Anch'io vedo i rischi che sta correndo il sistema e penso che ci troviamo di fronte a un tornante della nostra storia nel quale le garanzie sociali faticosamente conquistate in oltre mezzo secolo potrebbero essere cancellate.

Ho scritto questo libro perché vorrei aiutare a capire che il nostro Servizio sanitario nazionale resta un presidio di civiltà che possiamo ancora permetterci e sul quale vale la pena investire, correggendo le tante disfunzioni che tutti conosciamo e fermando i tentativi in atto di cambiare il sistema universalistico in un modello assicurativo.

C'è anche un motivo personale che mi ha convinto a consegnare a queste pagine le mie riflessioni sullo stato di salute della nostra sanità. Quando la riforma che porta il mio nome (il decreto legislativo 229 del 1999) entrò in vigore, fui accusata di aver mortificato i medici con l'esclusività di rapporto, le strutture private con le regole dell'accreditamento, la libertà di scelta dei cittadini con l'istituzione dei fondi integrativi e non sostitutivi, le regioni con l'eccessiva regolamentazione, le norme per abbattere le liste di attesa e la definizione della organizzazione dei Distretti socio-sanitari. Le critiche non fanno mai piacere, ma si è disposti ad accettarle se sono il prezzo da pagare per raggiungere il risultato che ci siamo proposti. Infatti l'intento della mia riforma, come vedremo, era esattamente quello di invertire il processo di privatizzazione introdotto dalla riforma di De Lorenzo del 1992. Le critiche mi confermavano che forse avevo imboccato la strada giusta. Lo avevo fatto salendo su un treno in corsa, perché dal 1992 al 1999 l'attuazione della riforma Amato-De Lorenzo era già in avanzato stato di attuazione, ma era evidente che con la mia riforma il percorso di quel treno sarebbe stato modificato per riprendere la traiettoria della legge Anselmi.

Il paradosso è che dopo venticinque anni si cerca di attribuire alla riforma Bindi la causa dei problemi attuali della sanità: le liste di attesa, l'espansione delle strutture private, l'assenza di servizi di prossimità, le diseguaglianze tra le varie regioni...

Queste critiche sono inaccettabili perché non hanno alcun fondamento, soprattutto perché vengono mosse da coloro che, una volta al governo del Paese o delle regioni, si sono rifiutati di applicare la riforma del 1999 al grido «debindizziamo la sanità».

Spero di riuscire a condividere con chi vorrà leggere queste pagine una ricostruzione corretta della storia del nostro Sistema sanitario e le scelte necessarie per il suo futuro.

1

Riforme e controriforme

Il Servizio sanitario nazionale ha una storia travagliata fin dalla sua istituzione, punteggiata da crisi finanziarie, politiche e istituzionali favorite dalla fragilità dell'economia e dalla instabilità della politica italiana.

Nasce nel 1978 ed è l'esito più maturo di una stagione di riforme politiche e sociali – dallo Statuto dei lavoratori al nuovo diritto di famiglia, dall'istituzione delle regioni alla legge sul divorzio – che nella seconda metà degli anni Settanta segna un'accelerazione nel percorso di attuazione della Carta Costituzionale. Una stagione contraddittoria e drammatica che intreccia la spinta al cambiamento, perseguita dalla mobilitazione degli studenti, degli operai e delle donne, in parte raccolta dall'azione dei governi di centrosinistra con il contributo parlamentare del Pci, e la risposta violenta ed eversiva del terrorismo neofascista e dei gruppi armati di sinistra.

Si avvia in quegli anni un profondo ripensamento dei rapporti tra politica e società che interessa anche la medicina con la critica all'organizzazione dei servizi sanitari fondata sul sistema delle mutue, retaggio del modello corporativo fascista.

Si sviluppa una larga mobilitazione politica e culturale in favore di una riforma del Sistema sanitario e i sindacati promuovono uno sciopero generale sui temi del welfare, mentre in Parlamento si susseguono le proposte di riforma. Nell'autunno del '77 si arriva a un testo condiviso, frutto di un impegno unitario e della convergenza tra parlamentari della Dc come Danilo Morini, relatore di maggioranza, e del Pci, come Giovanni Berlinguer. Ma è grazie alla determinazione del nuovo ministro della Sanità Tina Anselmi che viene superato lo stallo in cui, dopo il rapimento e l'assassinio di Aldo Moro, rischia di arenarsi la legge che invece vede la luce il 23 dicembre 1978.

La legge istitutiva del Servizio sanitario nazionale è preceduta dall'approvazione di un'altra importante riforma in campo sanitario, la legge 180, tenacemente perseguita dallo psichiatra Franco Basaglia, che cambiava l'approccio alla malattia mentale e riconosceva dignità ai matti, non più segregati ma reinseriti nella società con la chiusura dei manicomi. La legge 180 del '78 è stata la prima legge nella quale la cura del malato di mente era affidata a una pluralità di interventi territoriali, tra loro integrati, sanitari, sociali, culturali. È una riforma che anticipa l'idea di salute che ispira il Servizio sanitario nazionale che non si limita a offrire prestazioni ma garantisce la cura della persona, nel rispetto della sua dignità.

La legge 23 dicembre 1978, n. 833, approvata con i voti contrari di soli due partiti, il Pli e il Msi, appare per molti versi ben più avanzata del NHS britannico a cui si ispira. Il Servizio sanitario nazionale è concepito come lo strumento di attuazione del diritto costituzionale alla salute e non a caso il primo articolo della riforma ripropone il testo dell'articolo 32 della Costituzione: «La Repubblica tutela la salute come fondamentale diritto dell'individuo e interesse della collettività attraverso il Servizio sanitario nazionale».

I principi fondamentali del Ssn garantiscono la tutela della salute a tutte le persone anche straniere (universalismo), senza discriminazioni e in rapporto ai loro bisogni (uguaglianza ed equità nell'accesso ai servizi sanitari), assicurando tutti i servizi necessari, dalla prevenzione alla riabilitazione (globalità della copertura). Un sistema pubblico, finanziato da risorse pubbliche con le tasse di tutti, ognuno contribuisce in base al proprio reddito e ne usufruisce in base al bisogno di salute (principio di solidarietà).

Un modello in netta antitesi con quello precedente che differenziava le cure e i contributi fra innumerevoli categorie di lavoratori, ignorava la prevenzione e si era dimostrato costoso e inefficiente. Le mutue professionali si limitavano a rimborsare le malattie, lasciavano senza copertura circa il 10 per cento della popolazione e avevano accumulato una montagna di debiti.

Al contrario il Ssn era un progetto molto ambizioso che faceva della tutela della salute un diritto fondamentale della persona e una responsabilità della politica e delle comunità.

Ma le difficoltà sono cominciate subito. Difficoltà politiche, legate alla fine dell'esperienza della solidarietà nazionale e all'avvio di una fase neocentrista, con il ritorno dei comunisti all'opposizione e la sostituzione di Tina Anselmi con un ministro del Pli, partito che aveva contrastato la legge 833 e che tornerà a guidare il Ministero agli inizi degli anni Novanta.

Anche la difficile congiuntura economica giocò un ruolo significativo.

La riforma era stata approvata tra due devastanti crisi petrolifere: quella del 1973, con le domeniche a piedi, i cinema che chiudevano alle 23:00 e la televisione che riduceva le ore di programmazione per risparmiare benzina ed elettricità, e quella del '79 che provocò la «stagflazione», con inflazione record, aumento della disoccupazione e debole crescita economica. Il neonato Servizio sanitario nazionale, che si fece anche carico di ripianare gli enormi deficit delle mutue, cominciò a vacillare, sotto i colpi di questa seconda crisi: alle regioni furono lesinati i fondi necessari per far decollare i nuovi servizi, mentre ai cittadini fu chiesto di pagare i primi ticket. Ma soprattutto cominciò quasi subito la ricerca di una «riforma della riforma» che diventò il mantra di un decennio segnato dalle politiche neoliberiste, promosse dalla premier inglese Thatcher e dal presidente Usa Reagan.

L'offensiva contro lo Stato sociale – la bestia da affamare con il taglio delle tasse secondo Reagan – investe il nostro Paese più tardi ma non è meno insidiosa e ambigua. Si esprime nel disimpegno dalla politica e dalla partecipazione sociale, con il riflusso nel privato e con il successo delle tv commerciali. Sono gli anni dell'individualismo edonistico e del consumismo sfacciato, dell'insofferenza per le regole e i troppi «lacci e lacciuoli» che ostacolerebbero la modernizzazione del Paese. Gli anni della critica allo statalismo e all'assistenzialismo, alimentata dalle disfunzioni di un Sistema sanitario azzoppato e incompleto, dal clientelismo e dalla invadenza dei partiti nella pubblica amministrazione e nella gestione delle Unità sanitarie locali.

All'inizio degli anni Novanta il Paese è scosso da una nuova crisi economica (il mercoledì nero della lira e l'uscita dal Sistema monetario europeo) e dagli effetti politici e istituzionali di Tangentopoli.

L'Italia offriva l'immagine di un Paese allo sbando e inaffidabile, drammaticamente lontano dagli obiettivi che sarebbero stati previsti dal Trattato di Maastricht. Per scongiurare la bancarotta, il governo guidato da Giuliano Amato presenta nell'estate del 1992 la legge 421, «Delega al governo per la razionalizzazione e la revisione delle discipline in materia di sanità, di pubblico impiego, di previdenza e di finanza territoriale». È una cura da cavallo che si abbatte sul nostro welfare dopo gli anni della finanza allegra e dell'economia drogata dall'espansione incontrollata del debito pubblico che aveva superato del 100 per cento il valore del Pil.

Per la sanità la cura si materializza nel decreto legislativo 502/92 che modifica l'impianto pubblico e universalistico del Ssn. Capisaldi del decreto sono la regionalizzazione e l'aziendalizzazione del sistema, ma il sottotesto neanche troppo mascherato, è la sua privatizzazione con una robusta apertura al mercato. Nella relazione che accompagnava il provvedimento, si legge infatti: «Per accrescere la qualità dell'assistenza e contenere i costi è previsto che cessino progressivamente le situazioni di monopolio nella gestione del servizio pubblico, reintroducendo pluralità di soggetti operativi, competizione ed emulazione, nonché assegnando ai cittadini ampie possibilità di scegliere e di condizionare con il loro gradimento il successo o meno dei servizi e dei presidi». L'idea di fondo, spiegata dal ministro è «che a tutti venga garantito un trattamento di base e che il trasferimento al privato serva per asciugare le funzioni svolte dal settore pubblico, il che significa migliorare. Decentrando ai privati si elimina il sistema delle convenzioni, si abbassano i prezzi e si riducono i costi».

L'intervento legislativo è guidato dalla scelta di separare le funzioni del finanziamento e della programmazione da quelle della gestione e organizzazione dei servizi per introdurre nel sistema italiano il modello liberista anglosassone della «competizione regolata». La trasformazione delle Unità sanitarie locali in Aziende sanitarie locali, estromette gli Enti locali dalla gestione e trasferisce poteri e risorse alle regioni con un finanziamento per quota capitaria (un *tot* a residente) e la responsabilità della spesa. Nelle nuove aziende, guidate da direttori-manager che dovranno rispondere di eventuali disavanzi, si stabilisce il primato dei vincoli di bilancio sui livelli di assistenza. «Le prestazioni sanitarie» spiega il ministro alla Camera dei deputati «saranno effettuate in funzione delle risorse esistenti, su livelli minimi uguali per tutti; le regioni potranno tuttavia integrare tali livelli a carico dei loro bilanci.» Si impone così una torsione selettiva ai principi dell'universalismo e della globalità di copertura, con l'esclusione dal Ssn di gruppi di cittadini, selezionati in base al loro reddito. Nella sua prima formulazione l'articolo 9 del decreto legislativo 502/92 riguardava «Forme differenziate di assistenza» che permettevano alle regioni di disporre, in via sperimentale e per tre anni, l'uscita dal Ssn di un certo numero di residenti da affidare alle assicurazioni private: «Viene inoltre riconosciuta» sottolinea De Lorenzo «più libertà di scelta agli assistiti che potranno rivolgersi anche alle assicurazioni private, la cui efficienza sarà giudicata dal mercato». Un decreto[1] adottato pochi mesi prima della riforma, era intervenuto ancora più drasticamente e aveva escluso le famiglie con un reddito superiore a 40 milioni di lire dal Ssn, a eccezione dell'assistenza ospedaliera e dei farmaci salva-vita. Gli ospedali, scorporati dalle aziende sanitarie locali, sono organizzati come aziende autonome e rimborsati per ciascuna prestazione con tariffe (Drg)[2] uguali sia per le strutture pubbliche che per quelle private che in questo nuovo contesto sono incoraggiate a stipulare con le Asl contratti più remunerativi. L'introduzione delle tariffe, la possibilità per i medici del servizio pubblico di lavorare anche in cliniche private, la libera scelta degli utenti sono tutte misure che favoriscono lo sviluppo del settore privato. Imprese private, laiche e religiose, erano presenti già prima dell'istituzione del Ssn ma avevano un peso minore regolato da convenzioni.

L'ampiezza e la profondità dei cambiamenti introdotti dal decreto De Lorenzo sono tali da far parlare di controriforma della legge 833 e provocarono la mobilitazione dei sindacati confederali e medici. Furono raccolte le firme per un referendum abrogativo (che non si tenne) mentre le regioni presentarono un ricorso (respinto) alla Corte costituzionale.

Mi sono dilungata sulla controriforma del '92 perché contiene molte delle idee che hanno influenzato le politiche sanitarie degli ultimi anni: la tutela della salute come diritto costituzionalmente garantito che si trasforma in un diritto finanziariamente condizionato; l'universalismo e la globalità di copertura insidiati dalla selezione delle prestazioni e dalla esclusione delle persone che provocano l'aumento della spesa privata delle famiglie e incentivano la crescita di mercati privati delle prestazioni sanitarie; una competizione fittizia con le imprese private accreditate e fra le stesse aziende pubbliche che produce un'interpretazione distorta del significato della aziendalizzazione come gestione oculata delle risorse pubbliche. Idee che presentano analogie inquietanti con i propositi annunciati dalla nuova destra oggi al governo. Anche adesso si sostiene che non si può più dare tutto a tutti, che il sistema è insostenibile per la finanza pubblica e che occorre aprire alle assicurazioni private, chiamate fondi sanitari integrativi, con un trucco linguistico che ne dovrebbe mascherare la vera natura.

Alle dimissioni di Giuliano Amato, il nuovo governo guidato da Carlo Azeglio Ciampi interviene con un decreto[3] del ministro Mariapia Garavaglia a correggere gli aspetti più smaccati dell'apertura ai privati, senza tuttavia scongiurare tutti i rischi della controriforma De Lorenzo.

Alla fine degli anni Novanta, si scontrano l'impostazione neoliberista e privatistica perseguita dal centrodestra guidato da Silvio Berlusconi e quella solidaristica e pubblica sostenuta dal centrosinistra guidato da Romano Prodi.

Con la vittoria elettorale dell'Ulivo, nel '96, il centrosinistra punta a una riforma del welfare, che Prodi definisce «la più grande conquista del XX secolo», con l'obiettivo di riqualificare e modernizzare settori chiave della crescita sociale e civile del Paese come scuola, sanità e assistenza. Per la sanità si trattava di verificare l'attualità della legge 833 che aveva istituito il Ssn in un quadro sociale ed economico profondamente mutato. La sfida era racchiusa nella domanda: è possibile coniugare l'utilizzo oculato ed efficiente delle risorse pubbliche con i principi di universalismo ed equità del Ssn?

Per il nuovo governo, in cui ero stata nominata ministro della Sanità, la risposta non poteva che essere affermativa, a patto di cancellare le anomalie della controriforma del '92. Un lavoro complesso, che richiese due anni di un lungo confronto con il Parlamento, che aveva delegato il governo a riformare tutto il sistema, con le regioni e le tante realtà professionali e sociali della sanità italiana; che si concluse con il decreto legislativo 229 del giugno 1999.[4]

Non mancarono le difficoltà, dalla decisa contrarietà di Confindustria alle obiezioni di alcuni sindacati medici,[5] fino al boicottaggio della regione Lombardia che, mentre il Ministero lavorava per correggere le distorsioni del decreto De Lorenzo, approvava una legge che attuava quella controriforma, dando vita a un Sistema sanitario regionale in contrasto con i principi del Ssn.

La scelta di fondo della riforma che porta il mio nome fu quella della contestualità tra la tutela effettiva del diritto alla salute e le risorse necessarie.[6] In questo modo si neutralizzava il potenziale conflitto fra la determinazione dei Lea, i livelli essenziali e uniformi di assistenza, e il fabbisogno del Fondo sanitario nazionale, conflitto che avrebbe potuto compromettere l'esercizio concreto del diritto. La contestualità richiede infatti un'attenta e rigorosa programmazione per un corretto incontro tra domanda e offerta di salute.

Per spiegare cosa vuol dire la parola «essenziali» nei Lea, il decreto 229 ricorre al termine «appropriatezza». I livelli essenziali di assistenza non sono né minimi né appena sufficienti ma appunto essenziali, devono cioè garantire tutto ciò che risponde al bisogno di salute delle persone in modo uniforme ed efficace, secondo le migliori pratiche cliniche e con le risorse individuate *contestualmente* ai bisogni di salute della popolazione.

L'appropriatezza, insomma, è la garanzia che sarai curato bene e che ci sono le risorse per farlo. Chiudere un certo ospedale, acquistare una nuova tecnologia, rimborsare un certo farmaco non può dipendere da ragioni di bilancio ma dalla valutazione di ciò che è utile e necessario. Non è il consumismo sanitario che garantisce la salute ma poter contare su prestazioni appropriate, medici competenti e farmaci efficaci.

Con l'obiettivo di rafforzare la tutela della salute in modo uniforme, la riforma del '99 ha regolato in modo più trasparente e stringente il rapporto tra strutture pubbliche e imprese private.

Il confronto non riguardava la conferma o meno di un sistema universalistico, che nessuno dichiarava di voler abbandonare, bensì le regole di funzionamento migliori per renderlo più moderno ed efficace. Non ci siamo affidati al mercato né per il finanziamento né per la produzione dei servizi, come stava avvenendo con la competizione incoraggiata dalla controriforma De Lorenzo, in particolare in Lombardia. Competizione fittizia, dal momento che chi finanzia, ovvero rimborsa sia la Asl che la struttura privata accreditata, è sempre e solo il Fondo sanitario nazionale.

Abbiamo sostituito la competizione incoraggiata dal neoliberismo con un modello di integrazione dell'impresa privata nel Sistema sanitario per salvaguardare l'interesse pubblico nella programmazione e nella gestione delle attività necessarie a rispondere al bisogno di salute della popolazione.

Il vecchio convenzionamento con il Ssn è stato sostituito con il cosiddetto sistema delle 3A (autorizzazione, accreditamento e accordo), con il quale il Ssn valuta qualità e sicurezza di tutti i soggetti che vogliono offrire prestazioni sanitarie. Il primo passo è l'autorizzazione, rilasciata a chi vuole costruire e gestire nuove strutture esclusivamente private, nel rispetto di alcuni requisiti tecnologici e professionali minimi. Il successivo è l'accreditamento per coloro che vogliono agire per conto del Ssn e devono perciò garantire standard superiori di appropriatezza dei servizi offerti. Il percorso si conclude con gli accordi contrattuali, stipulati con le regioni sul volume e il tipo di prestazioni che saranno rimborsati dalle Asl. L'accreditamento diventa così lo strumento che riconosce la complementarità del privato e disinnesca gli effetti perversi della concorrenza.

Un aspetto qualificante della riforma del centrosinistra è rappresentato dagli interventi per il personale. Bisogna ricordare che in quella legislatura si aprì l'opportunità dei corsi di laurea triennali con una obiettiva riqualificazione di molti profili professionali: dagli infermieri ai tecnici di laboratorio ai fisioterapisti. Per ogni profilo professionale, il decreto 229 ha previsto la relativa dirigenza, anche per favorire condivisione delle responsabilità e maggiore collegialità nei diversi servizi.

Ma non c'è dubbio che la esclusività del rapporto di lavoro dei medici costituisce il cambiamento più radicale degli ultimi anni. Una scelta che indicava la volontà di valorizzare i professionisti, mettendo fine allo storico e implicito scambio tra i medici e lo Stato che può essere riassunto così: il Ssn non può pagarvi di più ma vi autorizza a svolgere anche attività privata nei vostri studi e nelle cliniche private con l'unico limite che si faccia al di fuori dall'orario di lavoro. Il decreto De Lorenzo, all'articolo 4, aveva di fatto esteso la possibilità del doppio lavoro ovunque e per tutti, e aveva fissato la percentuale di posti letto delle camere a pagamento nelle strutture pubbliche (dal 6 al 12 per cento del totale), percentuale lievemente abbassata con il successivo decreto Garavaglia.

Il confronto politico e sindacale sulla novità del rapporto esclusivo per i medici non fu facile, non si potevano cancellare con un tratto di penna storia e abitudini secolari. Ma ero convinta si dovesse affermare il principio di incompatibilità anche in sanità.

Mi sono sempre chiesta come mai si considerava legittimo il divieto per un ingegnere della Fiat di lavorare anche per Volkswagen mentre sembrava normale che un medico esercitasse la mattina nell'ospedale di cui era dirigente pubblico e nel pomeriggio nel suo studio privato e nelle cliniche private.

Con la riforma, chi sceglieva il rapporto esclusivo avrebbe avuto un aumento di stipendio, l'accesso alle funzioni di direzione, la possibilità di svolgere anche attività privata regolata e trasparente nella struttura pubblica, la formazione permanente e la partecipazione al governo clinico dell'azienda. Mentre chi rinunciava all'esclusività non sarebbe diventato primario. I sindacati dei medici minacciarono uno sciopero, revocato al momento della firma del nuovo contratto. Alcune associazioni delle specialità più interessate alla libera professione fecero pubblicare inserzioni a pagamento sui principali quotidiani per chiedere al presidente Ciampi di non firmare la legge. Tuttavia, al momento della scelta, nella primavera del 1999, oltre l'80 per cento dei medici dipendenti dal Ssn optò per il rapporto esclusivo. Un risultato più che incoraggiante se si pensa che nel '79, all'indomani della nascita del Servizio sanitario nazionale, ben il 48 per cento dei medici ospedalieri era a tempo definito. Tornerò su questa svolta nel capitolo sui rapporti tra pubblico e privato, ma fin d'ora mi sembra giusto ricordare la massiccia adesione del personale medico a questa radicale innovazione.

In forte discontinuità con la controriforma del '92, nella visione di sanità del 229 torna a essere centrale l'assistenza primaria e territoriale. Il Distretto diventa il cuore di un modello di assistenza che sa prendersi cura delle persone e non solo curare la malattia. Nel Distretto si interpretano i bisogni di salute della comunità e la loro evoluzione, si promuove la prevenzione e l'integrazione tra ospedale e territorio e tra servizi sociali e servizi sanitari. È la dimensione ottimale per garantire continuità assistenziale, le cure a domicilio e la presa in carico dei soggetti più fragili ai quali va offerta una gamma di servizi e percorsi di cura in un approccio multidisciplinare. Non a caso in questa legislatura si prepara anche la riforma dell'assistenza, un obiettivo a lungo perseguito di nuove politiche sociali che vedrà la luce con la legge quadro 328 del 2000.

Altri punti qualificanti della riforma del '99 saranno approfonditi successivamente. Penso in particolare all'istituzione dei fondi integrativi del Ssn che dovevano offrire prestazioni non garantite dai livelli essenziali di assistenza. Regolamentati in modo preciso anche dal punto di vista fiscale, i *fondi Doc*, così erano stati battezzati, avrebbero fatto chiarezza sull'ambiguità dei fondi assicurativi previsti dalla controriforma De Lorenzo, sostitutivi delle prestazioni garantite dal servizio pubblico. Un tema tornato di grande attualità alla luce delle misure previste dal governo Meloni nel Piano strutturale di bilancio 2025-2029.

Spero sia evidente che con il decreto 229 abbiamo voluto riprendere e attualizzare i principi della legge

833 stravolti dal tentativo di De Lorenzo di trasformare radicalmente nel 1992 la missione e l'organizzazione del Ssn.

Negli anni Duemila la sanità è attraversata da due tendenze che finiscono per sovrapporsi e che investono i nuovi rapporti Stato-regioni, per quel che riguarda sia il finanziamento che l'organizzazione del Ssn. Ancora una volta, come era avvenuto con la legge istitutiva del Ssn, l'attuazione di una riforma è affidata a chi ne aveva ostacolato il cammino parlamentare.

Con la parola d'ordine «debindizzare» la sanità, i ministri dei governi Berlusconi accantonano interi capitoli del decreto 229: l'accreditamento, la definizione dei livelli essenziali e uniformi di assistenza, l'istituzione dei Distretti, la revisione delle tariffe, il Piano sanitario nazionale, l'integrazione socio-sanitaria, il regolamento sui fondi integrativi. Mentre altri, attuati in modo distorto come le regole per la libera professione intramuraria dei medici e per il contenimento delle liste d'attesa, producono effetti contrari a quelli per cui erano stati previsti.

Questa strategia si accompagna a politiche di contenimento della spesa, coerenti con la visione (mai pienamente esplicitata) della destra neoliberista di ridimensionare i servizi pubblici.

Nel 2005 il governo Berlusconi impone a tutte le regioni un tetto alla spesa per il personale[7] e successivamente, con la Finanziaria per il 2006 vara la disciplina dei commissariamenti e dei Piani di rientro dal disavanzo.[8]

Le regioni con i conti in rosso (le soglie del disavanzo erano fissate inizialmente al 7 per cento e sono poi scese dal 2010 al 5 per cento) devono contenere i costi con un ventaglio di misure: aumento delle tasse regionali, nuovi ticket, esternalizzazione di alcuni servizi ecc.; e con la minaccia di commissariamento se non raggiungono l'equilibrio dei bilanci. Misure potenziate dalle politiche di austerità introdotte nel 2011-2013 dal governo Monti e successivamente ulteriormente affinate. Nel corso degli anni, quasi la metà delle regioni ha dovuto concordare con il governo piani di rientro dal deficit, e alcune sono state commissariate.

Ma queste severe politiche di bilancio, adottate sia con i tetti al personale che con i Piani di rientro, non sono state accompagnate dalla verifica sul rispetto delle tutele garantite dai livelli essenziali di assistenza. La drastica riduzione dei posti letto ospedalieri, imposta con la *spending review* del 2011 non è stata accompagnata dal potenziamento dell'assistenza territoriale centrata su un nuovo ruolo dei medici di famiglia, previsto da un decreto del ministro Balduzzi e vanificata dalle pressioni sindacali.

La spesa sanitaria che dal 2000 al 2010 era passata da 68 a 113 miliardi, con una crescita del 5 per cento l'anno, è diminuita di oltre tre miliardi nel periodo della crisi, tanto che nel 2013 si era ridotta a meno di 110 miliardi per poi riprendere lentamente a crescere in valore assoluto ma non in rapporto al Pil; nel 2019, ultimo anno prima della pandemia, la spesa corrispondeva al 6,4 per cento del Pil, percentuale che non si registrava dal 2007.

Spesa corrente Ssn 2014-2024		
	Spesa (mld)	*% del PIL*
2014	110	6,70%
2015	110	6,60%
2016	111	6,50%
2017	112	6,50%
2018	114	6,50%
2019	116	6,40%
2020	123	7,40%
2021	128	7,00%
2022	132	6,70%
2023	131	6,30%
2024	138	6,30%

Fonti:
– dal 2014 al 2023, Mef, Il monitoraggio della spesa sanitaria 2024, Rapporto n. 11;
– 2024: Documento di Finanza Pubblica 2025.

La seconda tendenza di questi due decenni riguarda un accentuato protagonismo delle regioni, espressione della riforma del Titolo V della Costituzione che ne aveva ampliato e rafforzato i poteri nel 2001. Una riforma approvata frettolosamente e senza una piena condivisione, che ha provocato un aumento della conflittualità tra Stato e regioni con numerosi ricorsi anche alla Corte costituzionale. Una modifica che a mio avviso andrebbe considerata la quarta riforma del Ssn.

Ben prima dell'autonomia differenziata abbiamo infatti avvertito gli effetti di una sorta di federalismo d'abbandono. Lo Stato ha rinunciato a finanziare il Fondo sanitario nazionale in modo adeguato ai bisogni di salute di una popolazione che invecchiava, e ha lasciato alle regioni un'inedita libertà di manovra. La nuova autonomia del Titolo V è stata interpretata come un «liberi tutti» che autorizzava le regioni a sperimentare formule organizzative e gestionali tra le più diverse in ambiti decisivi del sistema come il rapporto tra pubblico e privato, la medicina del territorio, l'integrazione socio-sanitaria. Il Ministero della Sanità, prima soppresso e poi ripristinato con la nuova denominazione Ministero della Salute, ormai indebolito e impoverito delle necessarie competenze, non è stato capace di verificare la coerenza tra le scelte regionali e i principi del Servizio sanitario nazionale. In poche parole ha rinunciato a governare il sistema.

E quando il Covid ha colpito il Paese, la sanità pubblica era già in difficoltà con una grave carenza di medici e infermieri e un'assistenza territoriale fortemente indebolita.

Questa sommaria ricognizione storica mostra come il Servizio sanitario nazionale sia stato chiamato ad assolvere il suo compito costituzionale di promuovere la salute per tutti con un Fondo sanitario largamente insufficiente, senza un nuovo Piano sanitario nazionale e senza programmazione, senza le necessarie professionalità mediche e sanitarie, prigioniero di rigidi vincoli di bilancio.

La naturale conseguenza di tutto questo è stata una progressiva e inesorabile «privatizzazione da abbandono» che ha prodotto un nuovo sistema delle cure sanitarie, molto diverso dal disegno originario che è bene conoscere più da vicino nella sua composizione.

2

Una crisi di sistema?

In occasione dell'inaugurazione dell'anno giudiziario 2024, la Corte dei conti ha descritto un Servizio sanitario nazionale in preda a una «crisi di sistema» frutto di fenomeni di lungo periodo. La magistratura contabile sottolinea che da anni si manifesta «in modo lento ma costante» il passaggio «da un Servizio sanitario nazionale incentrato sulla tutela del diritto costituzionalmente garantito, a tanti diversi sistemi sanitari regionali, sempre più basati sulle regole del libero mercato».

A poco più di un anno di distanza da questa analisi, la situazione non è cambiata si è anzi aggravata.

Non può essere ignorata un'affermazione così netta che ci viene consegnata da una magistratura tanto autorevole e che legittima pareri, punti di vista, tesi di studiosi, di politici e sensazioni sempre più diffuse tra il personale sanitario e tra i cittadini. Mi sono permessa di accompagnarla, tuttavia, con un punto interrogativo perché ritengo che la crisi non possa essere negata bensì analizzata, compresa con l'intento di affrontarla e di superarla, non certo di osservarla inerti e magari prenderla a pretesto per cambiare sistema.

Analizzeremo nei capitoli successivi le due manifestazioni principali di quella che la Corte dei conti definisce una crisi di sistema: il passaggio da un Servizio sanitario nazionale a una sommatoria di Servizi sanitari regionali e la mutazione di un sistema pubblico verso un sistema di mercato. Prima, però, dobbiamo soffermarci sulla manifestazione più rilevante di quella cultura neoliberista che ha pervaso gran parte delle scelte effettuate negli ultimi decenni: il sottofinanziamento e la sua più evidente conseguenza sulla dotazione del personale sanitario.

Un sistema sottofinanziato

Si conferma il razionamento delle risorse destinate alla sanità pubblica, certificato anche con l'ultima legge di bilancio che assegna, per l'anno 2025, al Fondo sanitario nazionale 136,5 miliardi di euro, pari al 6 per cento del Pil, una percentuale mai così bassa dagli inizi di questo secolo.

La presidente del Consiglio ha provato a confondere l'opinione pubblica, affermando che «mai così tante risorse erano state messe nel Fondo sanitario nazionale». Peccato che per essere credibile il confronto vada fatto tenendo conto sia del rapporto con il Pil sia dell'inflazione che del fabbisogno, tutte variabili che Meloni ha ignorato e che invece servono a fotografare la realtà. E la realtà, anche senza considerare l'impatto sulla crescita economica e sull'inflazione che avrà la guerra dei dazi scatenata dal presidente Trump, è molto amara e non prevede alcun aumento delle risorse a disposizione. Anzi il confronto tra finanziamento e spesa sanitaria, stimata quest'ultima pari a circa 143 miliardi, mostra che per l'anno in corso all'appello mancano per garantire la tutela della salute degli italiani quasi 7 miliardi di euro. Insomma, ancora una volta le risorse pubbliche non basteranno, mentre è molto alto il rischio di nuovi disavanzi per i Servizi sanitari regionali, che l'Ufficio parlamentare di bilancio quantifica in poco meno di 12 miliardi nel 2027.[9] E nuovi disavanzi preannunciano nuovi tagli o nuove tasse. Si noti che nel 2023 la spesa sanitaria pubblica si è attestata sul 6,17 per cento del Pil, valore che non si registrava dal 2004, cioè ben venti anni fa.[10]

Tale situazione è confermata dalle stime del Documento di finanza pubblica 2025 (approvato il 9 aprile 2025 dal Consiglio dei ministri).

Finanziamento e spesa del Ssn 2019-2027				
	Finanziamento corrente		Spesa corrente	
	mln	*% Pil*	*mln*	*% Pil*
2019	114.474	6,39%	114.936	6,42%
2020	120.557	7,26%	122.469	7,37%
2021	122.061	6,70%	128.393	7,05%
2022	125.980	6,42%	130.708	6,66%
2023	128.874	6,05%	131.842	6,17%
2024	134.017	6,11%	138.335	6,31%
2025	136.516	6,05%	143.372	6,35%
2026	140.485	6,05%	149.820	6,45%
2027	141.230	5,92%	151.635	6,36%
Fonte: Corte dei conti, 2025				

Come afferma la Corte dei conti, «nonostante l'aumento disposto dalla legge di bilancio, l'importo previsto a copertura del fabbisogno sanitario nazionale standard si conferma, in rapporto al prodotto, in graduale flessione: nel triennio 2024-2027 si riduce di due decimi di punto (dal 6,1 del 2024 al 5,9 per cento del 2027)».[11]

D'altro canto, non si tratta di una novità. Fatta eccezione per gli anni della pandemia, la quota del Pil dedicata alla sanità è in diminuzione fin dal 2011.

Anche nei confronti internazionali siamo stabilmente al di sotto della media europea.

Sta crescendo enormemente il divario tra il finanziamento pubblico dell'Italia e quello degli altri Paesi europei con i quali condividiamo la partecipazione al club dei Paesi più industrializzati.

Agli inizi degli anni 2000 la differenza tra noi e la Germania si attestava intorno a un punto, un punto e mezzo del Pil, oggi è di almeno quattro punti percentuali. Se consideriamo che ogni punto si aggira intorno a 20 miliardi di euro, si capisce facilmente di quale ordine di grandezze stiamo parlando.

Il definanziamento ha penalizzato non solo la spesa corrente ma anche gli investimenti nella messa in sicurezza e nell'ammodernamento degli edifici, nelle tecnologie e nella ricerca. E si dovrà aspettare il piano europeo post pandemia per finanziare dopo oltre vent'anni un programma di riqualificazione edilizia degno di questo nome.

Ma non erano eroi?

La prima e più grave conseguenza del sottofinanziamento della sanità si registra sulla risorsa più importante, il personale.

Anche se in Italia ci sono 4,1 medici per mille abitanti, sostanzialmente pari alla media della UE, la questione è più complessa come cercherò di descrivere. Dobbiamo infatti tener conto di alcuni fattori che rendono più problematica la nostra situazione. In Europa siamo il Paese con la quota più alta di medici anziani[12] e con carichi di lavoro più elevati. Inoltre, il personale medico non è distribuito in modo adeguato sia tra le regioni sia all'interno di una stessa regione: zone interne, piccoli comuni hanno carenza di medici. Infine, sono in sofferenza settori fondamentali, come medicina d'emergenza e urgenza, terapia intensiva, radioterapia, chirurgia generale, malattie infettive, medicina nucleare, psichiatria.

In queste specialità si registra anche un ritmo di invecchiamento più veloce. Un altro problema nasce dalla fuga di molti medici e infermieri verso il privato e altri Paesi europei.

Più difficile è la situazione degli infermieri. Nell'ultimo congresso della Fnopi[13] sono stati illustrati numeri impietosi: la percentuale degli infermieri è scesa a 5,6 per mille abitanti, tra le più basse d'Europa. Ma lo scostamento con i principali Paesi dell'Unione diventa drammatico se facciamo il confronto sulla popolazione più anziana, in cui le esigenze assistenziali aumentano: in Italia ci sono 61,6 infermieri per mille anziani sopra i settantacinque anni, mentre in Germania, Francia e Spagna ne hanno in media 122,3. Per la prima volta dal 2011, anche i laureati in scienze infermieristiche sono scesi sotto i diecimila mentre crollano le immatricolazioni ai corsi di laurea, nonostante un aumento di posti disponibili. Altrettanto elevato il numero di infermieri che ha deciso di cancellare l'iscrizione all'Ordine, requisito essenziale per esercitare la professione: ben 42.713 negli ultimi quattro anni, di cui 10.230 solo nel 2024.

Queste criticità richiederebbero, secondo l'Istat, «un attento sforzo di programmazione delle politiche, che dovrà coinvolgere anche i percorsi di istruzione e formazione, al fine di rispondere alla domanda crescente di cure ed evitare al contempo la creazione di un *imbuto formativo* e di un possibile *imbuto occupazionale*».[14]

Per i prossimi dieci anni non si tratta di abolire il numero programmato dei medici, ma di trattenere quelli che ci sono e quelli che sono all'interno del percorso formativo programmando le specialità in base al fabbisogno.

Le carenze del personale sono documentate dalla diminuzione della spesa per gli stipendi dei dipendenti del Servizio sanitario nazionale. È un segnale allarmante perché questa è una spesa essenziale per cui i riflessi sul peggioramento della qualità dei servizi diventa inevitabile. Nell'ultimo decennio questa spesa ha registrato una progressiva contrazione a favore di un incremento della voce «beni e servizi»: nel 2012 rappresentava il 33,5 per cento, nel 2023 si è attestato al 30,6 per cento.

Questa riduzione è il risultato perverso dei tetti di spesa alle assunzioni introdotti a partire dal 2005 e di fatto confermati da tutti i governi degli ultimi vent'anni. Solo durante l'emergenza Covid i vincoli per assumere medici e infermieri sono stati allentati ma gli eroi di quei mesi sono stati ben presto dimenticati.

Sulla criticità influisce anche il livello della retribuzione: medici e infermieri italiani occupano le ultime posizioni nella graduatoria degli stipendi in Europa a causa del blocco della contrattazione collettiva, riavviata di recente ma senza il recupero dell'inerzia del decennio passato.

A questo scenario così difficile come reagisce il governo? In una dichiarazione video al termine del Consiglio dei ministri del 5 maggio 2024 la presidente Meloni aveva trionfalmente annunciato «nel 2025 aboliamo del tutto il tetto di spesa per il personale sanitario». Parole perse nel web senza riscontro concreto nella legge di bilancio.

Il blocco delle assunzioni non è stato abolito e per il personale sono previsti pochi spiccioli per aumentare alcune indennità per chi ha già carichi di lavoro considerevoli nei pronto soccorso, per i veterinari e gli infermieri. Viene innalzata a settant'anni la possibilità di restare in servizio mentre per i soli infermieri dipendenti del Servizio sanitario nazionale si introduce la *flat tax* al 5 per cento per il lavoro straordinario.

Altro problema sono le fughe dal Ssn che unite alla difficoltà di coprire i posti vacanti con nuovo personale hanno provocato una vera emergenza nel funzionamento di alcuni servizi (anestesia e rianimazione, pronto soccorso ed emergenza, oculistica...). I direttori generali delle aziende hanno fatto ricorso ai cosiddetti «gettonisti», medici e infermieri reclutati attraverso cooperative o agenzie interinali con spese molto superiori al costo dei lavoratori dipendenti, ma che non influiscono sulla voce di bilancio «costi del personale» bensì sulla voce «beni e servizi»: uno stratagemma per aggirare il divieto di aumento della spesa del personale, anacronistico, e, paradossalmente, fonte di maggiore spesa. I gettonisti sono pagati fino al 30 per cento in più dei colleghi dipendenti, con una spesa per le Asl che ammonta a 457,5 milioni di euro per il 2024.[15]

I riflessi negativi sulla organizzazione dei servizi non si limitano a questi contratti costosi. Occorre considerare che le modalità di reclutamento prescindono dalla valutazione professionale e dalla qualità della formazione dei professionisti ingaggiati. Anche l'inserimento nei reparti, inoltre, non viene accompagnato dalle necessarie informazioni sull'organizzazione interna. Inoltre non ci sono garanzie sul rispetto degli orari di lavoro e dei turni di riposo, dei limiti di età consentita, e, soprattutto, viene meno la continuità assistenziale nel percorso di cura con i pazienti, per non parlare delle difficoltà di relazione con colleghi dipendenti dell'azienda con i quali devono collaborare.

Anche sul versante decisivo della formazione, l'esecutivo si è mosso alternando demagogia e incompetenza. Salutata come un addio al test d'ingresso, la riforma dell'accesso alla Facoltà di medicina, approvata nel marzo 2025, si è rivelata un pasticcio; la selezione è solo posticipata di sei mesi, mentre le Facoltà, senza risorse e senza spazi adeguati dovranno ripiegare sui corsi online, come ai tempi del Covid, per far fronte all'inevitabile aumento delle iscrizioni, anziché assumere la responsabilità di una programmazione corretta, più coerente con i bisogni di salute emergenti, il governo adotta fuori tempo una misura che non risolve i problemi. Altrettanto miope appare il ritardo nella definizione di un percorso di specializzazione per i medici di famiglia che preveda un corso universitario al pari delle altre specialità.

Ma c'è dell'altro. Non va sottovalutato il fenomeno delle aggressioni al personale che spiega anche la fuga dal Ssn: nel 2024 sono state 18mila con un aumento del 33 per cento rispetto all'anno precedente, nella maggior parte le vittime sono infermieri. Si tratta di una preoccupante novità nel rapporto di fiducia con i medici e le strutture del Servizio sanitario nazionale. In alcuni casi insulti e aggressività sono scatenati dalla pretesa di avere una cura, magari suggerita dal web, che viene negata dal medico di famiglia o dallo specialista che non la ritiene appropriata. In altri e più frequenti, la violenza anche fisica si scatena nei pronto soccorso dove arrivano in prevalenza pazienti con lievi disturbi, che spesso non si sono rivolti ai servizi ormai sguarniti del territorio, e che reagiscono in malo modo di fronte a lunghe ma giustificate attese. Secondo gli ultimi dati oltre il 50 per cento degli accessi nei pronto soccorso non è appropriato con inevitabile congestionamento dei servizi di emergenza.

Si ritorna quindi alla necessità di potenziare gli organici, irrobustire i servizi territoriali, in particolare il vasto ambito delle cure primarie, e in definitiva investire sulla presa in carico delle persone mentre è assai discutibile l'efficacia delle misure che sono state assunte o annunciate dal governo destinate solo a inasprire le pene del codice penale.

Anche per queste ragioni cresce l'insoddisfazione di molti professionisti sanitari che pensano di lasciare il posto di lavoro. Una insoddisfazione alimentata anche dal mancato riconoscimento della professionalità e dalle difficili relazioni con i livelli dirigenziali delle aziende, quello che generalmente definiamo il clima aziendale. Numerose indagini condotte nelle aziende hanno reso evidenti le cause di maggiore criticità: scarsa valorizzazione del personale da parte dei dirigenti, inadeguata retribuzione, insorgenza di stress a causa di gravosi turni di lavoro.

Inoltre i processi di crescita dimensionale delle aziende sanitarie hanno limitato le possibilità di carriera per i professionisti: sono state infatti ridotte di oltre il 30 per cento le posizioni di direzione ed è evidente che mancando prospettive di miglioramento di carriera molti giovani medici abbiano scelto altri percorsi lavorativi.

Non aver intrapreso misure efficaci per contrastare tutte le questioni descritte ha influito sulla diffusa percezione di un ineluttabile disinvestimento sul personale e conseguentemente sulla sanità pubblica.

3

Il sistema ibrido

Nel 2023 abbiamo speso per curarci 176 miliardi di euro: tre quarti li ha messi il Fondo sanitario nazionale grazie alle nostre tasse ma un quarto, per la precisione 45,3 miliardi, viene direttamente dalle nostre tasche. Queste cifre fanno capire quanto sia cambiato negli ultimi anni il mondo della sanità. Oggi abbiamo di fatto un sistema misto, molto diverso dal disegno originario tracciato con la legge del 1978 e riconfermato dalla riforma del 1999.

I tre mercati

È un nuovo sistema ibrido, in cui all'economia pubblica, caratterizzata da finanziamento e produzione pubblici propri del Servizio sanitario nazionale, si è affiancata una fiorente economia privata della salute, articolata a sua volta in tre grandi blocchi.

Un primo blocco, che analizzeremo meglio nel prossimo capitolo, è quello del mercato della produzione di prestazioni sanitarie da parte di strutture private finanziate però dal pubblico. Ne fanno parte le imprese sanitarie private – case di cura, poliambulatori, laboratori di analisi – accreditate con il Servizio sanitario nazionale le cui attività sono finanziate con denaro pubblico attraverso gli accordi contrattuali stipulati con le regioni. Si tratta di un mercato del tutto particolare. È amministrato dalle regioni per quanto riguarda l'accreditamento e la selezione dei fornitori, mentre le tariffe e i tetti di spesa sono definiti dallo Stato ma la produzione di servizi e prestazioni è in mano ai privati. Questo blocco assorbe circa 26,9 miliardi di euro, un quinto del bilancio del Ssn.

In questa cifra non è compresa un'altra forma con cui il denaro pubblico finanzia attività private e che va comunque tenuta presente per comprendere la complessità delle relazioni fra pubblico e privato.

Si pensi all'utilizzo della finanza di progetto, meglio conosciuto come *project financing*, a cui si ricorre per commissionare ai privati opere che la struttura pubblica non riesce a finanziare e che poi in genere affida in gestione, in tutto o in parte, a chi ha svolto i lavori. Finanziamenti che andranno comunque restituiti agli investitori privati con tanto di interessi.

Oppure, il ricorso massiccio alle cosiddette esternalizzazioni, ovvero l'affidamento a imprese esterne di alcune attività della struttura pubblica, che possono interessare servizi accessori come le pulizie, le mense o la lavanderia. In alcuni casi riguardano anche le attività assistenziali, di cura dei pazienti e con il ricorso a personale, non sempre qualificato, reclutato con contratti precari e mal pagati o con l'utilizzo dei medici gettonisti, fenomeno di cui ho già sottolineato i rischi nel capitolo precedente.

Il secondo blocco è il mercato della spesa sanitaria sostenuta dalle famiglie. È la spesa detta *out-of-pocket*, che esce direttamente dalle nostre tasche e secondo l'Istat si aggira attorno a poco più di 45 miliardi. Mentre per la Ragioneria generale dello Stato, che la ricava dalla tessera sanitaria di ciascuno di noi per inserirla nella dichiarazione dei redditi precompilata, sarebbe un po' di meno: circa 43 miliardi ma è possibile che anche per la sanità certe prestazioni siano pagate in nero.

Le famiglie a reddito più alto sostengono la maggior parte di questa spesa che però incide maggiormente sui bilanci di quelle più povere. Si stima che per la sanità ben l'8,6 per cento delle famiglie a basso reddito vada incontro a «spese catastrofiche» superiori cioè al 40 per cento delle risorse disponibili dopo quelle sostenute per l'alimentazione, le utenze e la casa.

Infine c'è il blocco del mercato della spesa privata intermediata, gestita da fondi, casse mutue e assicurazioni. È un settore in crescita in cui troviamo fondi istituiti con i contratti di lavoro, il cosiddetto welfare aziendale, le Casse istituite da alcuni ordini professionali, o da grandi aziende e istituti bancari, ma anche le Società di mutuo soccorso, in genere aperte a tutti. Le persone iscritte a questi enti sono molto numerose, quasi un quarto della popolazione italiana ma la spesa privata che amministrano è meno di un decimo del totale. Una quota relativamente piccola oggi, destinata a crescere se andrà in porto il progetto del governo Meloni che punta a farne «la seconda gamba» della assistenza sanitaria, un sistema parallelo al Servizio sanitario nazionale, ma finanziato dalle risorse delle famiglie. Si chiameranno premi, come quelli delle assicurazioni auto, le risorse che la presidente del Consiglio chiederà in più ai cittadini per curarsi e apparire come una statista che non ha aumentato le tasse. Ma non basta cambiare il nome alle cose per nascondere la realtà di un nuovo prelievo dalle tasche degli italiani.

Ciascuno dei tre mercati opera secondo logiche e dinamiche sue proprie. Il mercato dei fondi e delle assicurazioni e quello della spesa diretta delle famiglie funzionano in modo molto diverso fra di loro e da quello delle case di cura convenzionate col Servizio sanitario nazionale, che come abbiamo visto si basa su contratti fra le regioni e le imprese accreditate.

Tuttavia questi tre mercati possono incrociarsi e sovrapporsi nel percorso di assistenza alla stessa persona e a volte può avvenire persino dentro la stessa impresa. Pensiamo ad esempio a una persona che deve sottoporsi a un intervento di protesi d'anca. L'intervento può essere fatto a pagamento sia in una clinica privata che nella struttura pubblica, in regime di libera professione intramoenia.

In genere però viene eseguito gratuitamente sia in strutture pubbliche che in case di cura private accreditate. Queste ultime, grazie al convenzionamento con il Servizio sanitario nazionale, assicurano l'intervento gratuitamente ma può succedere che il paziente paghi le visite e gli esami necessari per prepararsi all'intervento o le cure successive, mettendo eventualmente a carico di fondi o assicurazioni quelle più impegnative e costose, come ad esempio una Tac.

Molte delle imprese private accreditate con il Servizio sanitario nazionale hanno introiti provenienti sia dal finanziamento pubblico che da quello privato, direttamente dalle famiglie o attraverso fondi o assicurazioni. I vantaggi non sono pochi.

Se infatti il finanziamento pubblico assicura stabilità di bilancio, quello da fonti private è una vantaggiosa diversificazione dei guadagni che non di rado può prestarsi ad abusi difficili da controllare.

Ma dove si orienta la spesa privata sostenuta dal 75 per cento delle famiglie italiane?

Oltre la metà, il 53 per cento, è destinata all'acquisto di visite mediche specialistiche, di esami diagnostici di laboratorio, di spese odontoiatriche e prestazioni di psicologi, infermieri e fisioterapisti, mentre il 13 per cento all'assistenza ospedaliera.

Una parte importante di questa spesa è conseguenza delle lunghe liste d'attesa e della ritirata del Servizio sanitario nazionale da interi settori, come quello delle cure dentali che da sole assorbono 8 miliardi di spesa privata. E non bisogna dimenticare che milioni di persone per evitare queste spese rinunciano semplicemente alle cure.

La spesa farmaceutica

La spesa privata per i farmaci, oltre 10 miliardi, costituisce un capitolo a sé.

È una delle voci più alte nei bilanci per la salute delle famiglie italiane, specie di quelle più povere, dove supera anche quella per le cure dentali. Le cause sono diverse e richiedono interventi differenziati.

C'è la spesa per i ticket che è stata mantenuta soltanto da alcune regioni. Poi c'è quella dovuta alla differenza di prezzo fra farmaci generici e i corrispondenti farmaci «originatori» o «griffati» come vengono spesso definiti. La disponibilità a pagare il ticket per una medicina più costosa ma con la stessa efficacia del generico totalmente gratuito, rivela un pregiudizio diffuso verso questi farmaci che le regioni dovrebbero contrastare con efficaci campagne informative, in collaborazione con i medici.

C'è poi la spesa per i farmaci esclusi dalla copertura del Ssn e pagati a prezzo pieno, quelli che curano patologie di lieve entità o, comunque, non sono considerati essenziali o salvavita, tra questi ci sono anche alcuni farmaci che, come gli anticoncezionali, hanno un rilevante interesse sociale. La proposta di trasferirli a carico del Servizio sanitario nazionale elaborata all'unanimità dalla Commissione tecnica della Agenzia italiana per il farmaco (Aifa) è stata prima rinviata dal Consiglio di amministrazione «per approfondimenti» e poi silenziosamente archiviata senza alcuna motivazione.

Non va dimenticata, infine, la spesa per i prodotti da banco, acquistati direttamente in farmacia senza ricetta medica, in gran parte ampiamente pubblicizzati. Appartengono a questa categoria gli integratori ali mentari per indicazioni fantasiose che vanno dalla protezione contro le infezioni a quella contro gli acciacchi dell'età. Anche in questo caso, l'informazione corretta sugli stili di vita e contro la «medicina delle illusioni» potrebbe essere di qualche utilità.

Silvio Garattini, decano del sapere farmacologico,

ha avuto un ruolo importante nella Commissione unica del farmaco (Cuf) che dopo la Tangentopoli dei primi anni Novanta ha ripulito nel Prontuario terapeutico nazionale la lista dei farmaci a carico del Servizio sanitario nazionale, eliminando un'ampia gamma di prodotti privi di adeguata efficacia e potenzialmente pericolosi, inseriti anche grazie a fenomeni di una diffusa corruzione che aveva coinvolto il direttore generale e ministro della Sanità insieme a diverse case farmaceutiche italiane. Anche grazie al suo lungo impegno in questo settore, l'efficacia terapeutica e la sicurezza sono i principi con i quali ancora oggi agisce l'Agenzia italiana per il farmaco.

L'Agenzia seleziona i farmaci e ne stabilisce il prezzo per il Servizio sanitario nazionale, negoziandolo con i produttori. I farmaci ammessi al rimborso del Servizio sanitario nazionale rappresentano una sorta di livelli essenziali di assistenza in campo farmaceutico che, come quelli degli altri ambiti, devono essere definiti in base a efficacia e appropriatezza d'uso e garantiti uniformemente sul territorio nazionale.

In questi anni il Servizio sanitario nazionale è riuscito a mantenere un sostanziale equilibrio tra le esigenze di accesso universale e innovatività dei farmaci e quella della sostenibilità economica. Da un lato, l'accesso ai farmaci autorizzati dall'Agenzia europea per i medicinali (Ema) è fra i più estesi e rapidi a livello europeo: in Europa, l'Italia è seconda dopo solo la Germania. Dall'altro, la spesa farmaceutica a carico del Ssn è sostanzialmente sotto controllo, malgrado l'aumento dei prezzi e dei costi degli ultimi anni: era il 12 per cento della spesa complessiva nel 1980, il 16 per cento nel 2003 e il 18 per cento nel 2022.

Le leve per esercitare un attento governo della spesa in questo settore non sono solamente la valutazione comparativa del valore terapeutico e la negoziazione del prezzo con i produttori. Fondamentale è l'appropriatezza prescrittiva richiesta ai medici di famiglia con le note predisposte dall'Agenzia sul buon uso dei farmaci, monitorata e valutata periodicamente dall'Osservatorio nazionale sull'impiego dei medicinali che redige un rapporto annuale, il cosiddetto Rapporto OsMed. Annualmente, viene poi concordato tra governo e Farmindustria un livello massimo di spesa farmaceutica, il famoso «tetto» sul livello della spesa farmaceutica, spesso oggetto di un aspro contenzioso con le imprese chiamate a ripagare la metà del suo sfondamento insieme alle regioni.[16] Tuttavia, una volta che i prezzi dei singoli farmaci sono stati negoziati centralmente, la definizione del tetto di spesa rappresenta una sorta di accordo sui volumi dei consumi farmaceutici, in cui all'aumentare del volume degli acquisti il prezzo si riduce.

Il monitoraggio e la valutazione continua dell'uso dei farmaci rappresenta una differenza importante del rapporto fra Ssn e industria farmaceutica rispetto a quello che esiste invece fra le regioni e le imprese private accreditate. Non mancano però problemi, anche seri, come l'eccessivo ricorso agli antibiotici, che nel nostro Paese non accenna a diminuire. In Italia, dove tutti gli indicatori epidemiologici segnalano la gravità del fenomeno, compreso il numero di decessi pari a un terzo di quelli registrati nel resto dell'Europa, non si vedono interventi incisivi e tempestivi.

L'industria del farmaco è un settore strategico nel mercato della salute che va governato e nel quale gli investimenti pubblici non sarebbero solo un supporto decisivo per l'economia nazionale. Possono anche riequilibrare il ruolo pubblico rispetto al primato esercitato dall'industria con i brevetti, per sostenere lo sviluppo e la produzione di nuovi farmaci in aree come le malattie rare, orfane e diffuse nei Paesi a basso reddito, che offrono profitti di gran lunga minori, tradizionalmente trascurate dalla ricerca finanziata dai privati.

In questa partita, il governo Meloni non è stato lungimirante. Con l'ultima finanziaria ha indebolito i criteri di efficacia e innovatività con i quali individuare i farmaci innovativi da porre a carico del Servizio sanitario nazionale. I nuovi parametri non richiedono più una documentazione scientifica di qualità, con il rischio di penalizzare i centri di ricerca e le aziende all'avanguardia e disperdere in mille rivoli poco significativi le poche risorse destinate a rimborsare farmaci davvero innovativi.

Informazione, formazione e ricerca hanno un ruolo fondamentale in questo settore. Basti pensare per esempio all'importanza crescente che riveste la medicina di genere, per la quale è sempre più necessario investire. Sviluppare una corretta e autonoma informazione in questo settore è fondamentale, aiuta operatori e pazienti a fare scelte più appropriate e meno condizionate dalle pressioni del mercato.

Gli anni della pandemia hanno dimostrato quanti danni possono provocare alla sanità pubblica posizioni critiche come quelle dei *No Vax*, che orientano o semplicemente confondono l'opinione pubblica con informazioni false e interpretazioni tendenziose sulle vaccinazioni e le misure sociali più efficaci a prevenire la diffusione del virus.

Problemi analoghi si pongono ciclicamente con la promessa di rimedi miracolosi per patologie molto diffuse, com'è avvenuto quando ero ministro della Sanità con il caso del professor Luigi Di Bella. Una vicenda dolorosa, provocata dalla pretesa dei seguaci del professor Di Bella di garantire la gratuità di un trattamento antitumorale mai sottoposto a sperimentazione clinica e privo di efficacia documentata.

Il governo si assunse la responsabilità di avviare una sperimentazione per motivi di sanità pubblica. Non si poteva né ignorare né alimentare la domanda di un trattamento sul quale non c'erano ancora risposte scientificamente attendibili. La decisione fu quella, come spiegherò meglio più avanti, di offrire certezze ai malati e alle loro famiglie, frastornati da illusorie promesse di guarigione.

Da quella vicenda ha preso le mosse anche una nuova strategia di lotta al dolore, con il programma nazionale sulle cure palliative, finanziato con oltre 400 miliardi di lire per la realizzazione di hospice in ogni regione.

Le assicurazioni sono la soluzione?

Al termine di questa ricognizione sulla spesa privata, è ragionevole sostenere che nel 2023 circa un quarto della spesa complessiva per servizi sanitari è stata sostenuta dalle famiglie mentre attorno al 40 per cento dei servizi e delle prestazioni è prodotta da imprese sanitarie private.

Il peso della componente privata sul finanziamento complessivo dell'assistenza sanitaria è un segnale degli squilibri del nostro sistema salute, ormai un ibrido, un misto pubblico e privato, di cui il Fondo sanitario è una parte importante, ma solo una parte.

E dobbiamo anche constatare che per una quota significativa della popolazione, l'accesso ai servizi sanitari è ormai determinato dalla capacità economica dei singoli e delle famiglie o dall'appartenenza a categorie privilegiate di lavoratori che possono contare su fondi sanitari aziendali. Il diritto alla salute è tornato a essere condizionato dalle disponibilità economiche a tal punto che quasi 6 milioni di italiane e italiani rinunciano a curarsi.

La soluzione da molti prefigurata, più o meno esplicitamente, è quella di prendere atto della ibridazione del sistema e quindi dell'abbandono del principio universalistico, quello del finanziamento a carico della fiscalità generale, per passare a un sistema misto.

Nelle intenzioni del governo, il settore della sanità cosiddetta integrativa dovrebbe costituire la «seconda gamba» del finanziamento da affiancare al Fondo sanitario nazionale. Si tratta in questo caso non tanto di una evoluzione interna e probabilmente inarrestabile del sistema, ma di una strategia delineata dal governo Meloni come risposta ai costi crescenti del Ssn, che evidentemente considera insostenibili per le casse dello Stato.

Basta leggere il Piano strutturale di bilancio 2025-2029, che prevede «il potenziamento e l'ordinato sviluppo dei pilastri complementari di previdenza e sanità» e «lo sviluppo e il riordino degli strumenti per la sanità integrativa».

Il Piano non ha in proposito indicato numeri, ma il presidente della Commissione affari sociali del Senato Francesco Zaffini, di Fratelli d'Italia, ha autorevolmente fissato l'obiettivo nel raddoppio, da 14 a 30 milioni, degli iscritti a fondi o assicurazioni sanitarie.

Sarà bene ricordare i vantaggi dei sistemi universalistici, prima di consegnarci al sistema assicurativo più iniquo e costoso.

I sistemi universalistici sono infatti più economici sia per il bilancio dello Stato che per le tasche dei cittadini; ma quel che conta di più è che sono più efficaci anche dal punto di vista del bilancio salute.

Le assicurazioni, infatti, funzionano basandosi sul principio della selezione: selezione degli iscritti, in base alle condizioni di salute, e selezione della copertura calcolata sul valore della polizza e tutte adottano strategie per contenere i rimborsi. Molto spesso stabiliscono una franchigia e definiscono massimali per cui tutte le spese sanitarie al di sotto o al di sopra rispettivamente di una certa cifra restano a carico dell'assicurato, o dell'iscritto al fondo, non fa differenza da questo punto di vista. Le assicurazioni si preoccupano dei loro clienti non della popolazione: pertanto coprono le spese per le attività di prevenzione individuale, come ad esempio alcuni screening, ma non la prevenzione primaria. Dal momento che il sistema assicurativo si limita a rimborsare la malattia e non promuove la salute è un sistema che incoraggia la produzione di prestazioni.

Ovviamente questi limiti sono taciuti da chi al governo sta ora lavorando allo sviluppo di un secondo pilastro assicurativo per finanziare la sanità italiana e al contrario insiste a presentare, come fa il senatore Zaffini, la sanità integrativa strumento «essenziale e necessario»,[17] inevitabile per far fronte all'invecchiamento della popolazione.

Eppure dovrebbe essere chiaro che la prospettiva è quella di un sistema a più velocità. Malgrado ciò la tentazione di ridimensionare il sistema pubblico con le assicurazioni private si ripropone ciclicamente. L'istituzione del Servizio sanitario nazionale ha cancellato il sistema delle mutue di categoria ma ha conservato aperta la via delle «mutue volontarie», un residuo del passato che comunque non potevano essere finanziate da alcuna azienda o ente pubblico.[18]

L'idea di riaprire al sistema assicurativo si fa strada con la controriforma De Lorenzo che nel '92, come abbiamo visto, aveva previsto la fuoriuscita di una parte degli assistiti verso forme di assistenza alternative. Il governo Ciampi ferma questo tentativo con il decreto Garavaglia n. 517 del '93, che trasforma le «forme alternative» in «forme integrative».

A metà degli anni Novanta, il settore delle casse volontarie non è ancora regolato e interessa una platea limitata di categorie privilegiate (come giornalisti, dirigenti d'azienda) ma può contare su importanti vantaggi fiscali, nessun tetto era infatti previsto alla deducibilità fiscale dei contributi versati.

Il governo Prodi interviene con un approccio coerente con le finalità del sistema pubblico: fissando nel '97 un tetto, fino a 7 milioni di lire, alle detrazioni fiscali. Successivamente il governo D'Alema, decreto 229, ha istituito i fondi integrativi del Servizio sanitario nazionale.

Nella riforma del '99 i fondi integrativi sono finalizzati «a potenziare l'erogazione di trattamenti e prestazioni non compresi nei livelli uniformi ed essenziali di assistenza». I fondi integrativi, definiti anche *fondi Doc*, rimborsano solo prestazioni aggiuntive rispetto ai livelli essenziali di assistenza, integrate con quelle del Servizio sanitario nazionale, fornite da professionisti e da strutture accreditate, come ad esempio le cure odontoiatriche ma anche il costo dei ticket, delle prestazioni in libera professione intramuraria e le quote a carico dell'assistito per i ricoveri in strutture accreditate residenziali e semiresidenziali.

Abbiamo voluto regolare il sistema in modo da distinguere chiaramente i fondi assicurativi e quindi sostitutivi dei livelli essenziali di assistenza, dai *fondi Doc* che non possono praticare politiche di selezione degli iscritti ai quali viene chiesto di pagare un contributo fisso e non un premio commisurato al rischio. Il Ministero vigila sulla loro attività grazie all'iscrizione volontaria all'«Anagrafe dei fondi integrativi del Servizio sanitario nazionale» ma necessaria per accedere alle agevolazioni fiscali.

Come realizzare la distinzione fra fondi integrativi dei livelli essenziali di assistenza e fondi sostitutivi dei livelli essenziali di assistenza? Mediante la leva fiscale e per questo con il decreto legislativo 41/2000 i fondi davvero integrativi avrebbero beneficiato di agevolazioni crescenti mentre ai fondi sostitutivi sarebbe stato ridotto progressivamente il vantaggio fiscale.

Ma con il cambio di governo avvenuto dopo pochi mesi, cambia l'orientamento politico e viene capovolta l'impostazione della riforma: i successivi governi Berlusconi ripristinano i benefici fiscali dei fondi sostitutivi, penalizzando così il decollo dei *fondi integrativi Doc* e creando il presupposto per la nascita del secondo pilastro. Nel marzo del 2008 un decreto ministeriale equipara i vantaggi fiscali per entrambe le tipologie e riconosce le agevolazioni fiscali ai fondi che dichiarano di erogare almeno il 20 per cento delle prestazioni integrative, il che significa che ai *fondi non Doc* e sostitutivi rimane fino all'80 per cento del mercato delle prestazioni comprese nei livelli essenziali di assistenza.

In sintesi, con la nuova definizione è caduta la differenza originaria fra *fondi Doc* e *non*. Nel decreto 229 erano *Doc* solo i fondi che coprivano per il 100 per cento prestazioni escluse dai livelli essenziali di assistenza; dal 2008 diventano *Doc* tutti quelli la cui spesa è destinata per almeno il 20 per cento a prestazioni oltre i livelli essenziali di assistenza, perciò anche a questi doveva essere riservata l'agevolazione fiscale inizialmente stabilita solo per i fondi integrativi previsti nella mia riforma.

La spinta più rilevante allo sviluppo dei fondi integrativi avviene poi con le agevolazioni previste dal governo Renzi a partire dalla legge di stabilità del 2016 che permette alle aziende di erogare i premi di risultato sotto forma di servizi o welfare aziendale, modificando in tal senso anche i contratti di lavoro.

La stratificazione di interventi fiscali e normativi ha stravolto l'impianto originale della riforma del '99, che aveva immaginato le forme di assistenza integrativa come uno strumento per portare dentro il sistema pubblico una parte della spesa privata delle famiglie, garantendo l'appropriatezza e senza intaccare il principio di universalità. I *fondi integrativi Doc* sono stati trasformati in fondi di fatto sostitutivi o duplicativi e la loro crescita è stata favorita come una ulteriore leva di espansione del mercato privato.

Nel 2023, secondo il Ministero della Salute,[19] erano iscritti all'anagrafe 324 fondi di origine principalmente negoziale che dichiarano 16,2 milioni di iscritti e una spesa complessiva di 3,2 miliardi di euro, di cui solo un terzo è dedicata a prestazioni integrative, non incluse nei livelli essenziali di assistenza. I fondi di tipo A, o *fondi Doc* di natura effettivamente integrativa del Servizio sanitario nazionale, secondo la definizione originaria, sono soltanto 13, il 4 per cento del totale con una spesa di appena 1,2 milioni di euro, dedicata quasi esclusivamente a prestazioni odontoiatriche.

La presunta insostenibilità finanziaria del Servizio sanitario nazionale torna a riproporsi ciclicamente. Si tratta, come abbiamo visto, di una vecchia idea da ultimo rilanciata nel 2009 dal ministro Sacconi nel progetto elaborato con il suo *Libro bianco sul futuro del modello sociale.*

Malgrado quasi un quarto della popolazione italiana sia iscritta, i fondi intermediano meno di un decimo della spesa privata delle famiglie, circa l'8 per cento, e svolgono un ruolo marginale nella sua «mutualizzazione». Inoltre, pensionati e familiari dei titolari principali, anche se spesso pagano contributi più alti, sono un'esigua minoranza degli iscritti, riproducendo lo schema di esclusione dalle tutele delle persone più fragili che era tipico del sistema mutualistico. Trattandosi poi di fondi chiusi di origine negoziale, escludono per definizione disoccupati, lavoratori con contratti atipici o in nero, inabili al lavoro e così via, cioè esattamente le persone più vulnerabili e quindi degne di maggior tutela.

Le poche informazioni disponibili sembrano anche

indicare una scarsa efficienza dei fondi rispetto ai parametri tipici degli schemi assicurativi, come ad esempio la capacità di trasformare i contributi incassati in prestazioni per gli associati. Tuttavia, con la crescita degli iscritti gran parte dei fondi esternalizza a compagnie assicurative le funzioni assicurative e, spesso, anche la gestione dei rapporti con gli iscritti e con le strutture sanitarie. La ibridazione dei fondi con le compagnie assicurative e con broker gestionali spesso controllati dalle stesse compagnie espone anche questo settore ai problemi tipici del sistema assicurativo.

Nel maggio 2024, ad esempio, l'Autorità garante della concorrenza e del mercato (Agcm) ha sanzionato per 2,5 milioni di euro una importante compagnia assicuratrice e per 1 milione di euro il suo broker gestionale per aver adottato comportamenti scorretti nei confronti dei loro associati, quali ritardi ingiustificati nella definizione delle pratiche di rimborso e il rigetto immotivato di richieste di rimborso e di autorizzazione alle prestazioni sanitarie in forma diretta.

Infine, conviene ricordare che l'espansione della «sanità integrativa» ha un costo in termini di spesa fiscale: concentra i benefici sugli iscritti e distribuisce gli oneri fra tutti i contribuenti. L'obiettivo della maggioranza di governo di raddoppiare il numero di iscritti farebbe raddoppiare anche il minor gettito calcolato sulle spese fiscali che già oggi la Banca d'Italia stima in 3,4 miliardi di euro.[20]

Sviluppare il secondo pilastro ha effetti perversi sulla equità e sulla efficienza del Servizio sanitario nazionale: sulla equità perché amplia le diseguaglianze fra persone che possono accedere ai fondi e quelle che per età o condizione lavorativa ne sono escluse e ha effetti regressivi in termini economici perché avvantaggia chi ha redditi più elevati; sulla efficienza perché moltiplica i livelli burocratici, introduce ulteriore frammentazione nel sistema di offerta dei servizi ove si annidano aree di diffusa inappropriatezza.

C'è da chiedersi, insomma, se valga la pena destinare tante risorse pubbliche per finanziare un progetto strutturalmente iniquo.

4

Fare profitti o fare salute?

In sanità il rapporto pubblico-privato è cruciale. È un rapporto sviluppato e consolidato nel tempo, ma oggi è una sfida enorme per la crescita quantitativa e qualitativa del settore privato. Vale la pena ricordare che un sistema universalistico con un unico o quantomeno prevalente finanziatore pubblico, ovvero la fiscalità generale, non può che essere a prevalente gestione pubblica e diretta. Così è stato per molti anni. La controriforma del '92 introducendo la distinzione tra programmatore, committente e gestore ha di fatto avviato la competizione tra erogatori pubblici e privati tipica dei sistemi assicurativi che prevedono una competizione anche tra finanziatori. Un vero e proprio stravolgimento del sistema.

Le correzioni al modello De Lorenzo introdotte con l'accreditamento non sono state applicate in modo rigoroso e uniforme su tutto il territorio nazionale. Come già sottolineato la regione Lombardia ha ignorato la riforma del '99 e percorso la strada opposta di progressiva privatizzazione, fino a stabilire l'equivalenza tra pubblico e privato e non è stata la sola regione a cedere a questa suggestione.

Il definanziamento, la carenza del personale, la mancata revisione delle tariffe, la mancata programmazione sono state cause aggiuntive della crescita del privato nella dimensione e nella tipologia attuale.

Le grandi holding

Il settore privato è in grande trasformazione, sia nelle sue imprese di produzione di servizi sanitari che per il loro finanziamento.

In Italia abbiamo un gran numero di strutture e case di cura private. La maggior parte è piccola, il 57 per cento ha meno di cento posti letto, e si rivolge alla popolazione locale, della provincia. Accanto a loro, sono emersi negli ultimi anni alcuni grandi gruppi di imprese, vere holding articolate in molteplici sedi operative, spesso presenti in molte regioni e talora anche sul mercato europeo.

Mediobanca nell'ultimo Rapporto sui principali operatori privati riferisce che in Italia nel 2022 le imprese sanitarie private con più di 100 milioni di fatturato erano 31, con 32.587 posti letto e un fatturato complessivo di quasi 11 miliardi di euro.

Le prime cinque imprese per fatturato hanno realizzato nel 2022 ricavi per oltre 5 miliardi di euro: si tratta dei gruppi Papiniano, Humanitas, Gruppo Villa Maria, Fondazione Gemelli, Kos.

Papiniano, holding del gruppo San Donato-San Raffaele, e il gruppo Humanitas concentrano le loro numerose sedi soprattutto in Lombardia, mentre le poche sedi della Fondazione Gemelli sono solo a Roma. Sono i centri verso i quali si indirizza un vasto movimento di pazienti dalle altre regioni, soprattutto del Sud. Al contrario, i gruppi Villa Maria e Kos, specializzato soprattutto nell'assistenza per gli anziani, sono imprese multinazionali, con sedi in diverse regioni italiane, in Francia, Germania, Polonia e Ucraina.

L'aumento dei volumi di attività e dei ricavi deriva anche dall'acquisizione di strutture più piccole di varie regioni e in diversi settori. All'inizio del 2025, ad esempio, il gruppo Humanitas ha comprato a Messina un centro specializzato in ortopedia, che si aggiunge ad altre due strutture presenti in Sicilia, a Catania e Lipari, e che rappresenta l'undicesima acquisizione del gruppo.

Questa tendenza determina la creazione di reti di servizi, che includono ambulatori, ospedali e policlinici universitari per la degenza dei pazienti acuti; strutture residenziali e semiresidenziali per anziani e disabili. In molti casi questi grandi gruppi ai ricavi garantiti dal convenzionamento col Ssn affiancano le entrate da prestazioni pagate direttamente dalle famiglie e/o intermediate da fondi e assicurazioni.

Il nuovo volto di questo peculiare mercato amministrato dell'assistenza in convenzione pone inediti e importanti problemi alla capacità di governo e di regolazione della spesa e della qualità delle prestazioni da parte delle regioni.

Quali sono, ad esempio, le conseguenze per il paziente se le diverse prestazioni necessarie all'intervento chirurgico, eseguite prima dopo e durante il ricovero sono imputate a diversi pagatori: il Servizio sanitario nazionale, un fondo di categoria o un'assicurazione privata o lui stesso? I tempi di attesa per l'intervento si accorciano o si allungano? La qualità ne soffre? E la continuità dell'assistenza nel postoperatorio è la stessa? E come dovrebbe regolarsi l'Assessorato nella stipula della convenzione: deve considerare anche gli introiti aggiuntivi o ignorare queste possibilità? Oppure: come contrastare gli auto-invii fra strutture ambulatoriali, ospedaliere e di lungo-assistenza della rete della stessa impresa quando non siano richiesti dalla continuità dell'assistenza? E ancora: come rendere compatibile la distribuzione interregionale di molte grandi imprese con convenzioni gestite su base regionale?

Il silenzio che accompagna le conseguenze di questa trasformazione non è certamente il modo migliore per risolvere i nuovi problemi nella regolazione del rapporto fra Servizio sanitario nazionale e strutture private.

Tra sanità pubblica e privata vanno stabilite regole di collaborazione chiare e trasparenti, finalizzate a garantire prestazioni appropriate, quindi efficaci e coerenti con la programmazione. Regole che tengano conto anche delle dimensioni e delle caratteristiche delle nuove imprese private.

Ogni prestazione ha un costo

Un capitolo urgente su cui intervenire è quello delle tariffe che valgono sia per le aziende sanitarie pubbliche che per le imprese private e che hanno rilevanti ricadute nelle compensazioni fra regioni per la mobilità interregionale.

Ogni prestazione erogata dalle strutture pubbliche e dai privati accreditati è pagata con una tariffa predeterminata che ne calcola il costo complessivo. Le tariffe sono comprese in tre categorie differenti: le tariffe per ricoveri in ospedale, i cosiddetti Drg che calcolano il costo medio dell'assistenza richiesta per ogni ricovero ospedaliero; le tariffe per le analisi, gli esami diagnostici e le visite specialistiche, elencate nel Nomenclatore nazionale che fissa il prezzo di ogni prestazione; e infine le tariffe associate alla fornitura di dispositivi e protesi (carrozzine, materassi ortopedici, cateteri ecc.) inserite nel Nomenclatore protesico. Le tariffe introdotte con il decreto De Lorenzo hanno sostituito il vecchio sistema di rimborsi calcolati sulle giornate di degenza e insieme all'aziendalizzazione dovevano migliorare la gestione e l'efficienza delle aziende sanitarie e garantire l'appropriatezza delle prestazioni. Ma l'attuazione di queste innovazioni ha rivelato con il tempo gravi distorsioni. Innanzitutto perché il compito principale delle aziende private è antitetico a quello delle aziende pubbliche: le prime, pur svolgendo funzioni di cura, hanno comunque la finalità del profitto, le seconde debbono prendersi cura efficacemente delle persone valutando il costo della prestazione come un regolatore, mai come finalità prioritaria. È così che i Drg si sono rivelati, per le aziende private, un efficace strumento per incrementare i guadagni a prescindere, spesso, dall'appropriatezza delle prestazioni. Ne hanno tratto vantaggio le aziende private accreditate (cliniche, poliambulatori, laboratori) selezionando le prestazioni meno costose e più redditizie e si sono moltiplicati i casi di dimissioni precoci dai reparti ospedalieri.

Inoltre, il sistema di tariffe preordinate se stabilisce con buona approssimazione il costo di un'appendicite o l'impianto di un pacemaker, appariva inadeguato a misurare i costi di prestazioni più complesse comunque previste nei livelli essenziali di assistenza, come i trapianti, le malattie rare, la salute mentale, programmi di prevenzione ecc. Per evitare di penalizzare queste attività privando i cittadini di cure necessarie, nel decreto 229 avevamo previsto di affiancare alle tariffe anche la remunerazione per funzioni assistenziali, sono state inoltre regolamentate le modalità di aggiornamento delle tariffe, e sono stati previsti i necessari controlli anche sulla appropriatezza.

Il sistema delle tariffe, avrebbe dovuto essere aggiornato ogni tre anni ma in questi vent'anni le revisioni sono state estremamente limitate e totalmente assenti nel campo della specialistica e della protesica.[21]

In questo lungo lasso di tempo alcune tariffe si sono dimostrate inadeguate a coprire il costo di alcune prestazioni mentre altre sono risultate fin troppo remunerative in virtù di nuove e innovative procedure che hanno abbassato i costi.

I ritardi nella regolare manutenzione del sistema delle tariffe, hanno creato inevitabili ripercussioni sulla capacità di rispondere ai bisogni di assistenza dei cittadini e sul corretto utilizzo del denaro pubblico perché ha prevalso, sempre da parte dei privati, la tendenza a selezionare le prestazioni, limitando di fatto quelle meno remunerative e quindi condizionando per anni l'accesso ai nuovi livelli essenziali di assistenza, in vigore dal 2017. D'altra parte le tariffe più remunerative hanno consentito a molte strutture private di realizzare profitti che si sono moltiplicati a danno del denaro pubblico. Non sarà un caso che quando è stato annunciato il nuovo tariffario da parte del Ministero della Salute molte strutture private hanno manifestato il loro dissenso e sono addirittura ricorse al Tar.

Un'azienda singolare

Si ritiene da più parti che il processo di aziendalizzazione rappresenti una delle cause principali di tutti i mali che coinvolgono il Servizio sanitario nazionale. Neppure il nome suona bene: definire azienda una struttura alla quale è affidata la tutela della nostra salute sembra una contraddizione perché l'azienda evoca la produzione, il profitto, non certo la cura, l'assistenza, la gratuità.

Quando alla fine degli anni Novanta iniziai il processo della riforma sanitaria avrei preferito ritornare al nome della riforma Anselmi: Unità sanitaria locale, anzi ritenevo che il termine più giusto sarebbe stato: Unità socio-sanitaria locale. Ma le riforme a quel tempo si facevano ancora in Parlamento e si concordavano con le regioni e nel confronto istituzionale emersero molte contrarietà e rispettando le opinioni prevalenti il termine azienda non fu cambiato.

Tuttavia il decreto 229 chiarisce la funzione e il

fine dell'azienda sanitaria che è appunto quello di garantire, nel territorio di riferimento, la salute delle persone organizzando i servizi, le prestazioni, i presidi necessari e attuando gli obiettivi del Piano sanitario nazionale e regionale. All'azienda si chiede di ispirarsi al criterio di economicità, tipico di tutte le aziende pubbliche, che impone il corretto uso delle risorse pubbliche perché queste non sono infinite. La salute, non ha prezzo, ma la sanità ha un costo che impone di combattere gli sprechi, di ricercare le soluzioni più efficaci, ma anche meno costose. Se il denaro pubblico viene speso male a risentirne di più sono i fragili, i deboli, i poveri, non certo i ricchi.

Il criterio di economicità non può essere ridotto semplicemente al pareggio di bilancio come purtroppo si è imposto ai direttori generali prevedendo addirittura un premio per chi lo raggiunge. Il corretto uso delle risorse è il mezzo, non il fine. E nessun pareggio di bilancio può essere considerato virtuoso se lo si raggiuge operando tagli ai servizi e mettendo a rischio i livelli essenziali di assistenza.

È previsto che l'azienda sia guidata da un direttore generale che ha il compito di raggiungere gli obiettivi di salute indicati dalla politica con la programmazione. Ma il governo dell'azienda non può essere monocratico perché la sanità funziona se ogni professionista viene coinvolto nelle scelte e se l'azienda dialoga con le comunità locali e con i loro rappresentanti. Nella riforma del '99 si parla di governo clinico dell'azienda e si prevedono strumenti perché tutto il personale sanitario e le rappresentanze dei cittadini siano coinvolte nelle strategie aziendali.

So bene che tutto questo non sempre avviene. Il processo di graduale crescita delle dimensioni delle aziende, sviluppato negli ultimi anni, ha reso sempre più difficile la reale partecipazione degli operatori e dei cittadini al governo della sanità. Le aziende sanitarie locali si sono dimezzate mentre la popolazione di riferimento si è quadruplicata.[22]

Il gigantismo delle aziende impedisce di fatto sia il coinvolgimento dei professionisti, sia il rapporto con le comunità locali e i sindaci di un numero eccessivo di comuni, ostacola l'integrazione con i servizi sociali e verticalizza sempre di più le decisioni.

Questa operazione di verticale accentramento andrebbe valutata per gli effetti reali di economicità tutti da dimostrare, ma certamente ha prodotto un allungamento della filiera decisionale, lo svuotamento degli organi di consultazione interna come il collegio di direzione, non più rappresentativo della dirigenza sanitaria, la marginalizzazione completa dei sindaci.

È inoltre da annotare che in epoca più recente con il moltiplicarsi delle regioni con i bilanci in rosso le strategie di contenimento della spesa hanno visto un protagonismo sempre più pervasivo del Ministero dell'Economia e delle Finanze, di fatto sovraordinato ai poteri regionali.

È auspicabile un ripensamento su alcune scelte operate dalle regioni in questi anni e un intervento da parte del governo centrale per un monitoraggio circa il recepimento della legislazione nazionale nei modelli organizzativi delle regioni.

Medici: dentro o fuori?

Il rapporto pubblico-privato investe anche i professionisti della sanità pubblica.

Il doppio lavoro dei medici, sia nel pubblico che nel privato, era una prassi consolidata nella sanità italiana fin dai tempi dell'Unità d'Italia, di cui le autorità sanitarie e la politica hanno di fatto preso atto. La riforma del '78 stabiliva che il rapporto di lavoro dei medici con il Servizio sanitario nazionale poteva essere a tempo pieno e a tempo definito e regolava la libera professione in entrambi i casi: più limitata e circoscritta ai servizi della struttura pubblica per i medici a tempo pieno; più estesa alle strutture private, purché al di fuori dell'orario di lavoro, per i medici a tempo definito. Alla fine degli anni Ottanta, il contratto di lavoro siglato dal ministro Donat-Cattin aveva tentato di favorire la scelta del tempo pieno e aveva limitato la libera professione per i medici a tempo definito con un generico divieto a esercitarla «in contrasto con gli interessi e i fini istituzionali del Servizio sanitario nazionale». In quegli anni il fenomeno del doppio lavoro si associava anche all'ingresso di clinici e professori universitari nella proprietà di alcune cliniche private, tant'è che la legge finanziaria del '91 aveva introdotto le prime incompatibilità, come il divieto per i medici del servizio pubblico di essere azionisti o proprietari di cliniche private. Un tentativo vanificato solo un anno dopo dal ministro De Lorenzo che con il decreto legislativo 502 fa dell'attività libero professionale un elemento caratterizzante della controriforma del 1992. Non ci sono più limiti: tutti i medici, sia quelli a tempo definito che a tempo pieno, potranno esercitare la libera professione fuori dall'orario di lavoro e ovunque, sia nelle cliniche private sia in quelle convenzionate. La riserva di posti letto a pagamento negli ospedali pubblici appare subito di difficile attuazione e così si giustifica e si tollera il passaggio a fine turno negli studi o nelle cliniche private, spesso collocate intorno ai grandi ospedali pubblici.

È dunque un falso storico quello che viene propalato sia da politici di destra sia da alcuni commentatori di sinistra, secondo il quale sarebbe mia la responsabilità di aver inventato la libera professione intramuraria, autorizzato il doppio lavoro dei medici e la conseguente esplosione delle liste d'attesa.

In realtà è tutto il contrario. La mia riforma provò a mettere un freno al *far west* che si andava diffondendo e per questo venne introdotta l'esclusività di rapporto per tutti i medici del Servizio sanitario nazionale. Una innovazione che sarebbe diventata un obbligo per i nuovi assunti a partire dall'anno 2000 mentre i medici in servizio dovevano scegliere fra il rapporto di lavoro esclusivo con il Servizio sanitario nazionale e la libera professione cosiddetta extramuraria.

Si stabiliva, insomma, l'incompatibilità tra il lavoro nel sistema pubblico e quello nelle cliniche private. Il medico che sceglieva il rapporto esclusivo con il Servizio sanitario nazionale poteva svolgere attività libero professionale solo nell'interno della struttura pubblica, la cosiddetta intramoenia, applicando tariffe concordate con l'azienda. Ma doveva anche garantire che le ore riservate all'attività istituzionale fossero prevalenti ed essere disponibile a partecipare ai programmi aziendali di riduzione delle liste d'attesa. Nel nuovo contratto di lavoro che venne siglato nel 2000 furono stanziate consistenti risorse aggiuntive per i medici che avevano optato per il rapporto esclusivo e contestualmente fu approvato un decreto che destinava parte dei finanziamenti dell'edilizia ospedaliera alla creazione, nelle aziende sanitarie, di spazi riservati alla libera professione. Il rapporto di lavoro esclusivo costituiva inoltre un requisito indispensabile per accedere alla direzione di reparti, dipartimenti, unità operative. Come giustificare che le responsabilità di governo di una struttura complessa e del relativo budget fossero affidate a un professionista in conflitto di interessi con la propria attività libero professionale privata? Non a caso, questa norma contestata più volte anche in sede legale è sempre stata ritenuta legittima sia dalla Cassazione che dalla Corte costituzionale, finché non è stata abrogata nel 2004 dal secondo governo Berlusconi.[23]

La riforma del '99 non è mai stata una riforma punitiva o come allora qualcuno disse «sovietica». Al contrario, rivendico un approccio che pur facendo i conti con la realtà ha sempre cercato di costruire soluzioni avanzate e condivise. Questo ha significato da un lato affermare un principio sacrosanto come quello dell'esclusività di rapporto e il primato dell'attività pubblica, dall'altro dare ai medici l'opportunità di svolgere, senza sottrarre tempo all'attività istituzionale, anche la libera professione e ai pazienti di esercitare la libertà di scelta e stabilire un rapporto personalizzato con il professionista.

Anche questa scelta così innovativa è stata disattesa o peggio tradita. Le aziende sanitarie non hanno sempre e subito realizzato spazi adeguati per le visite in intramoenia e la fase transitoria nella quale si poteva esercitare la libera professione nel proprio studio è diventata definitiva. Infine, sono rimaste lettera morta le misure varate fin dal 1998 per ridurre le liste d'attesa, che consentivano ai cittadini di rivolgersi alla libera professione dei medici pagando solamente il ticket, qualora l'azienda pubblica non avesse rispettato i tempi indicati per la prestazione richiesta. Norme[24] mai abolite, che infatti la presidente Meloni ha copiato in un provvedimento nell'estate del 2024, vantandosi di una soluzione «a cui nessuno aveva mai pensato prima», che in realtà risale a quasi trent'anni fa.

A conti fatti, tra il '96 e il '99 con diversi provvedimenti sulla libera professione dei medici sono state adottate le misure più stringenti e restrittive di sempre: è stata fatta la scelta preferenziale per l'esclusività di rapporto, sono state chiarite le incompatibilità, stabilita la prevalenza delle ore dedicate all'attività istituzionale e individuate le modalità per ridurre le liste d'attesa.

E proprio sulle liste d'attesa è importante fare chiarezza, perché la causa dei tempi lunghi non va attribuita alla libera professione intramoenia dei medici. I ritardi, spesso inaccettabili, sono in realtà il risultato del blocco, da circa vent'anni, di nuove assunzioni e del mancato rinnovo dei contratti associato al numero del tutto inadeguato di medici e infermieri in alcune specializzazioni, frutto della cattiva programmazione degli accessi alle Facoltà di medicina e alle scuole di specializzazione. Blocco allentato in via temporanea solo durante l'emergenza Covid, che non è servito ad arginare la crisi e ha contribuito a squilibrare il fabbisogno di alcune specializzazioni.

Inoltre la causa delle lunghe e sempre più lunghe liste di attesa va cercata nel mancato incontro tra domanda e offerta di salute. E se è evidente che l'offerta è carente – e non potrebbe che essere così dopo anni di definanziamento – troppo poco si insiste sulla necessità di governare e educare la domanda di prestazioni da parte soprattutto dei medici di famiglia, così come, da anni, in alcune regioni, si investe troppo poco in prevenzione e screening.

A chi chiede di abolire la libera professione intramoenia rispondo che le riforme prima di essere cancellate andrebbero applicate correttamente, come in alcune aziende sanitarie è stato fatto e si continua a fare, con garanzie per i pazienti e per i professionisti.

Ricordo bene che, durante un affollato e vivace incontro in una cittadina della mia Toscana, mentre cercavo di chiarire le regole sull'esercizio della libera professione intramoenia, chiese la parola un signore non giovanissimo per condividere la sua esperienza. Aveva richiesto una visita cardiologica all'Azienda ospedaliero universitaria di Pisa e gli era stata fissata dopo quaranta giorni. Per quanto il tempo di attesa non fosse così lungo, si era rivolto al centralino della libera professione per accelerare e avere la certezza di essere visitato dal primario, ma la visita in intramoenia era prevista dopo cinquanta giorni. Alla domanda del perché i tempi di attesa fossero più lunghi, la risposta fu molto semplice: «Perché nella nostra Azienda si rispettano le regole; l'attività libero professionale a pagamento non ha la priorità rispetto all'attività istituzionale per la quale è previsto il ticket per chi non è esente».

Sono certa che molti potrebbero raccontare esperienze diverse, ma una cosa è certa: le norme esistono e si devono rispettare perché si possono applicare.

Andrebbero corretti i comportamenti sbagliati dei professionisti non controllati, non sanzionati se non tollerati dai direttori generali e dalle direttive degli assessori. Le norme sono chiare: i tempi d'attesa per la libera professione non possono essere inferiori a quelli dell'attività istituzionale, purtroppo non si ha notizia delle sanzioni, pure previste, quando viene a mancare questo allineamento. E andrebbe ripristinato l'impianto iniziale delle norme che regolavano questo delicato settore. Ad esempio rendendo obbligatorio il rapporto esclusivo per dirigenti di strutture semplici e complesse.[25] O ancora indicando un tetto massimo ai compensi dell'attività libero professionale intramoenia.

Infine, mi chiedo se si sono valutate davvero le conseguenze dell'abolizione della libera professione intramoenia. Di fatto si tratterebbe di un ritorno all'antico quando i medici, soprattutto i primari e i professori universitari dedicavano la maggior parte del loro tempo alla libera professione nei loro studi e nelle loro cliniche, senza un tariffario e senza alcun controllo. Il trionfo del conflitto d'interessi a danno del servizio pubblico.

5

La cura delle fragilità

L'Europa invecchia ma l'Italia invecchia di più e più rapidamente. Da molti anni viviamo una transizione demografica che sta cambiando profondamente le nostre società dove nascono pochi bambini e le famiglie si restringono, con un impatto molto forte sulle condizioni di salute della popolazione.

L'aumento dell'aspettativa di vita che fino a qualche decennio fa era stato il vanto di un buon Sistema sanitario e di un largo benessere, è oggi compromesso non solo dall'aumento delle povertà ma anche dalla diffusione di malattie croniche, dal diabete all'artrosi alle malattie del cuore che spesso affliggono contemporaneamente la stessa persona, una condizione che viene descritta come multimorbosità.

Si vive insomma più a lungo ma convivendo con diverse patologie che spesso diventano anche invalidanti. L'incremento delle malattie croniche è così diffuso e insidioso che alcuni ricercatori non esitano a parlare di epidemia delle cronicità.[26]

Questo nuovo profilo epidemiologico del Paese richiede di rovesciare il paradigma dominante della «prestazione», quasi sempre ospedaliera, per dare spazio a un sistema orientato a prevenire le malattie e che sappia anche prendersi cura di chi non può guarire. Passare dalla prestazione per curare una malattia al prendersi cura di una persona non è affatto scontato, bisogna cambiare un modello di welfare che sta velocemente scivolando verso una dimensione mercantile e residuale per ricostruire un welfare dei beni comuni: la salute, il lavoro, la scuola, l'ambiente.

In questa logica la sanità deve mettere al centro la persona e non le sue patologie, la complessità e non lo specialismo. Bisogna insomma ricostruire nel Servizio sanitario nazionale un solido e articolato sistema di cure primarie, ovvero di servizi e attività di assistenza vicini ai luoghi di vita e di lavoro, nei quali le persone, le loro famiglie e l'intera comunità possano trovare risposte ai loro bisogni di salute.

Le cure primarie sono quindi la prima e fondamentale linea in cui si integrano con un approccio multidisciplinare le molte esigenze di natura sanitaria e sociale che servono a realizzare la presa in carico della persona e garantire una buona qualità della vita.

Questa era anche la visione che aveva ispirato la

riforma del '99 con l'obiettivo di realizzare l'integrazione socio-sanitaria, prevista nella legge 833 ma di fatto abbandonata con la controriforma De Lorenzo, che aveva espulso i Comuni dal Servizio sanitario nazionale, separando la spesa sociale da quella sanitaria.

Sono sempre stata convinta che medicina del territorio e integrazione socio-sanitaria siano gli assi portanti di un buon Servizio sanitario nazionale, per questo ci siamo impegnati a definire puntualmente funzioni e dimensioni del Distretto che governa l'insieme delle cure primarie in collaborazione con gli Enti locali, che hanno il compito di garantire i servizi sociali.

Un modello di medicina del territorio che si è realizzato con maggiore determinazione nelle regioni, poche, che hanno attuato il decreto 229 mentre è rimasto sulla carta nel resto del Paese. Nella maggior parte delle regioni, infatti, il Distretto non ha conquistato un ruolo paritario con l'ospedale e la frammentazione di servizi che non comunicano tra di loro – dalla salute mentale all'assistenza materno-infantile, dalla lotta alle dipendenze ai disturbi alimentari, alle cure palliative, ai servizi per anziani e disabili – ha creato disorientamento. Le persone vengono rimbalzate da uno sportello a un altro senza riuscire a ottenere un'effettiva presa in carico e ricevono invece risposte parziali, non sempre adeguate alla complessità dei bisogni espressi dal malato e dalla sua famiglia.

Sicuramente la stagione delle politiche di austerità ha colpito soprattutto i servizi territoriali, fortemente ridimensionati dalla carenza di risorse e di personale adeguati. Del resto investire nel territorio e in prevenzione, non genera profitti paragonabili a quelli garantiti dalle prestazioni ospedaliere e non è un caso se i privati accreditati hanno preferito investire negli ospedali e nelle case di cura.

Per realizzare questa innovazione una parte centrale spetta ai medici di medicina generale e ai pediatri, cosiddetti di libera scelta, cioè anch'essi territoriali. Il loro ruolo come medici di primo riferimento per la persona e la sua famiglia è insostituibile, come dimostra la loro lunga tradizione, che comincia coi medici condotti del Comune all'inizio del Novecento.

Ma per continuare questa nobile tradizione è necessario che cambi il loro modo di lavorare, solitario e isolato dai loro stessi colleghi e dalle competenze e dalle risorse che sono oggi necessarie per svolgere la loro missione. I tentativi per favorire il lavoro collegiale di gruppi di medici di medicina generale ci sono stati. Una legge di tredici anni fa[27] prevedeva diverse forme di condivisione del lavoro fra gruppi di medici che si associavano volontariamente, ma sono rimaste sulla carta, e ora non sarebbero una risposta adeguata ai nuovi compiti.

A bloccare questa trasformazione hanno contribuito molte spinte. Certamente ha contribuito anche il federalismo d'abbandono che a partire dagli inizi degli anni Duemila, ha allentato i vincoli delle leggi nazionali e permesso a ciascuna regione di ridisegnare il proprio Sistema sanitario, adottando differenti modelli organizzativi non sempre coerenti con un Servizio sanitario centrato sulla prevenzione.

Ho già accennato alla Lombardia, la regione più radicale nella scelta di ridurre drasticamente i presidi della prevenzione e i servizi territoriali esternalizzando le cure primarie, trasferendo all'ospedale le attività specialistiche e declassando il Distretto a ufficiale pagatore dei fornitori privati. Un modello tutto giocato sulla separazione ideologica degli acquirenti dai produttori di servizi e sul primato dell'attività ospedaliera, adottato anche da diverse altre regioni. In altre, invece, come Emilia-Romagna e Toscana, si sono sperimentate già a partire dal 2006 le Case della salute, presidi distrettuali con i medici di famiglia e gli specialisti, aperti alla partecipazione delle associazioni di volontariato, nelle quali concentrare alcuni servizi territoriali per renderli più accessibili ai cittadini e garantire la continuità assistenziale.

Durante i mesi drammatici della pandemia, abbiamo visto le terapie intensive e i reparti di emergenza ingolfati e sotto stress, anche per effetto delle difficoltà registrate tra i medici di famiglia. Rilanciare la sanità del territorio è tra gli obiettivi del piano straordinario di investimenti approvato dell'Unione Europea per colmare i ritardi del Paese in settori strategici dell'economia e del sociale.

Nel 2022 per dare gambe agli obiettivi del Piano nazionale di ripresa e resilienza, il governo Draghi ha varato la riforma dell'assistenza territoriale, la prima di tre riforme (le altre due sono non autosufficienza e disabilità) per le quali sono stati erogati i finanziamenti europei.

Un passo avanti significativo, che però presenta una pericolosa ambiguità. Il decreto (D.M. 77/2022) contiene infatti due allegati: il primo definito «descrittivo» che, appunto, descrive l'organizzazione del Distretto socio-sanitario e quali servizi sono presenti nelle Case della comunità. Il secondo allegato è invece definito «prescrittivo», e contiene gli standard che le regioni devono rispettare ma nel quale si ridimensiona il ruolo del Distretto come entità di governo del territorio e si riducono anche i servizi che deve garantire la Casa della comunità. È evidente che questa riforma è il risultato di un compromesso al ribasso imposto sia dalle regioni che non hanno mai voluto attuare la legge 833 e la riforma del 1999, sia da quelle che temono di non riuscire a colmare storiche carenze dei servizi territoriali. Ed è davvero paradossale che sia stato adottato, con una furbizia legislativa, un decreto ministeriale per riformare la medicina del territorio, quando dal 1999 c'è una legge che rende obbligatorio il Distretto e l'integrazione tra i bisogni sanitari e quelli sociali.

Inoltre, l'enfasi posta sulle Case della comunità presentate come la soluzione di molte lacune attuali e baricentro della nuova medicina di prossimità, rischia di creare un'impropria identificazione con il ruolo dei Distretti.

Le Case della comunità sono luoghi fisici aperti 24 ore su 24, sette giorni su sette, nei quali il cittadino con il Punto d'accesso unico, trova a portata di mano diverse figure professionali – il medico di famiglia, il pediatra di libera scelta, l'infermiere, gli specialisti, l'assistente sociale – che lo aiutano a risolvere problemi di salute più o meno complessi. Il Distretto, invece, è la struttura di governo che, assieme ai Comuni, programma, coordina e gestisce l'offerta di servizi sanitari e socio-sanitari – dall'assistenza domiciliare ai consultori, dalle tossicodipendenze alla salute mentale e alla non autosufficienza e disabilità – coinvolgendo le Case della comunità, le famiglie, la scuola, il volontariato.

Per questo non va sprecata l'occasione del Piano nazionale di ripresa e resilienza (Pnrr) per realizzare l'infrastruttura materiale dell'integrazione tra il sanitario e il socio-assistenziale.

Il progetto finanziario del Piano stanzia 20 miliardi per la salute di cui 2 destinati a realizzare 1038 Case della comunità, mentre un miliardo è previsto per costruire 307 ospedali di comunità. Il resto delle risorse dovrebbe servire a sviluppare la telemedicina, la digitalizzazione del Servizio sanitario nazionale, a mettere in sicurezza gli ospedali, rinnovare il parco tecnologico, investire in ricerca e formazione del personale.

Si tratta di fondi significativi, che potrebbero essere un'opportunità per riequilibrare le differenze con le regioni del Mezzogiorno, nelle quali l'offerta di servizi territoriali sanitari e socio-sanitari è davvero modesta.

Si tratta però, a oggi, di un grande piano edilizio, che attende provvedimenti per dotare le nuove costruzioni del personale necessario. Lo stato di attuazione del programma desta più di qualche preoccupazione, riguardo alla chiusura dei cantieri e al collaudo delle opere. L'ultimo report del Ministero della Salute segnala che mentre sono stati praticamente raggiunti gli obiettivi negli acquisti dei grandi macchinari e nella messa in sicurezza degli edifici, ritardi si registrano nella realizzazione delle Case della comunità e degli ospedali di comunità, in particolare nelle regioni del Mezzogiorno. In Calabria, nel marzo scorso, su richiesta del presidente della regione il governo ha decretato lo stato di emergenza per sbloccare lo stallo sull'utilizzo dei fondi destinati alla costruzione di tre ospedali.

Ma se anche le opere previste saranno tutte completate entro il 2026, termine fissato dall'Unione Europa, occorre evitare che le strutture rimangano scatole vuote per mancanza di personale adeguato o che, più semplicemente, ci si accontenti di dare un nome nuovo e suggestivo ai vecchi poliambulatori senza cambiare il paradigma oggi dominante della sanità orientata alla prestazione. O peggio, che si proceda a privatizzare la gestione di un comparto strategico del Servizio sanitario nazionale.

Per questo sarebbe utile sciogliere quanto prima le ambiguità della riforma del 2022.

La questione del personale è cruciale. Basti pensare agli obiettivi del Pnrr e alla previsione di estendere le cure domiciliari alle persone con malattie croniche e almeno al 10 per cento della popolazione anziana per prevenire la loro istituzionalizzazione e di sviluppare percorsi di autonomia per persone con disabilità e misure di sostegno alle persone vulnerabili.

Le carenze non riguardano solo la sanità territoriale. Tutto il personale sanitario, come vedremo, era in sofferenza già prima del Covid e la pandemia ha solo rivelato la gravità del problema.

Ma è dal territorio che deve partire il cambio di passo verso un modello di cura più efficace e sostenibile. Occorre alleggerire la pressione sugli ospedali di una domanda di salute impropria a cui si può rispondere prima e meglio, senza costringere le persone a rivolgersi al pronto soccorso dove, secondo le stime di Agenas[28] più del 50 per cento degli accessi sono codici bianchi e verdi.

E per questo l'emergenza personale va risolta cominciando a rafforzare i professionisti che lavorano nella rete delle cure primarie. I sindacati denunciano stanziamenti del tutto insufficienti ad assumere nuovi infermieri, operatori socio-sanitari e il personale di supporto.

Ma c'è soprattutto bisogno di promuovere un salto di qualità nella cultura medica e sanitaria, per favorire la collaborazione tra i diversi professionisti della sanità e del sociale e soprattutto promuovere l'appropriatezza delle prestazioni.

Oggi, con le Case della comunità abbiamo un'occasione forse unica, che non possiamo perdere.

Una nuova opportunità che tuttavia può attingere dall'esperienza delle Case della salute come quella delle Piagge[29] – periferia urbana di Firenze – struttura edificata nei primi anni Duemila, oggi Casa della comunità, che offre assistenza a un bacino di utenza di circa 35mila cittadini. Il territorio è suddiviso in dieci microaree di circa 3500 abitanti in carico a un infermiere di famiglia e comunità che si occupa in senso ampio della salute dei cittadini, includendo aspetti non solo di cura, ma anche di prevenzione e promozione della salute. Fa capo alla Casa un'«Aggregazione funzionale territoriale» di venti medici di medicina generale, sei dei quali inseriti all'interno della Casa. È un luogo di incontro fra servizi di salute e servizi sociali, tra professionisti di diverse discipline, infermieri di famiglia e di comunità, assistenti sociali, fisioterapisti. Trova sede nella Casa la continuità assistenziale, l'assistenza specialistica ambulatoriale e domiciliare, il punto prelievi, l'ambulatorio vaccinale pediatrico e adulti, le attività consultoriali, il centro consulenza giovani, la riabilitazione infanzia e adolescenza, la salute mentale infanzia-adolescenza, un ambulatorio della salute mentale adulti e il servizio sociale territoriale; è inoltre presente un servizio di mediazione linguistica. Nella Casa della comunità si sperimentano lavori di gruppo tra diversi professionisti per discutere casi complessi ed è prassi quotidiana la compresenza in ambulatorio o a domicilio delle differenti figure professionali coinvolte nell'assistenza.

Il ruolo delle Case della comunità è quello di abbattere le barriere di accesso al Servizio sanitario regionale, è il luogo di primo contatto e assistenza per le persone, sul territorio. Ma ha anche l'obiettivo di creare reti e legami con le realtà territoriali, in particolare con gli enti del terzo settore per sviluppare informazione, orientamento e partecipazione della comunità, nonché realizzare integrazione fra Sistema sanitario e sociale.

È necessario integrare il lavoro dei medici di medicina generale non solo fra di loro ma con gli altri professionisti sanitari e gli operatori del sociale (infermieri, tecnici, medici specialisti, assistenti sociali), metter loro a disposizione le risorse tecnologiche necessarie per svolgere il loro lavoro, sollevarli della burocrazia.

Non mancano le resistenze al cambiamento, in particolare da parte dei medici di medicina generale, liberi professionisti che hanno con la sanità pubblica un rapporto di lavoro regolato da una convenzione. Non sono dipendenti ma neppure totalmente autonomi e da tempo è aperto il dibattito sulla necessità di riformare questo rapporto.

Dopo la pandemia il tema è diventato quanto mai urgente: i medici di famiglia stanno invecchiando, il 77 per cento ha più di cinquantacinque anni e il numero degli assistiti cresce oltre il massimale fissato a 1500 pazienti per ciascuno.

Nel 2022 erano 39.366, il 15,7 per cento di tutti i medici del Servizio sanitario nazionale, pari a 6,7 medici per diecimila abitanti, percentuale inadeguata e mal distribuita nel territorio con le carenze maggiori nelle regioni settentrionali.

Sono i nostri medici di fiducia, conoscono la nostra storia e, insieme ai circa settemila pediatri di libera scelta, costituiscono la struttura portante delle cure primarie. Anche questa professione sta evolvendo, molti non lavorano più da soli nel proprio studio ma si sono uniti ad altri professionisti mettendo in comune linee guida e semplici strumenti diagnostici. Nella nuova organizzazione del territorio, i medici di famiglia sono chiamati con altri professionisti e operatori socio-sanitari a riempire di contenuti di salute le Case della comunità e gli altri servizi territoriali. I Distretti non possono funzionare se non ci sono medici di famiglia capaci di garantire appropriatezza, interpretare al meglio ciò che davvero serve al proprio paziente, ridurre le corse improprie ai pronto soccorso, gestire la continuità assistenziale. Dovrebbero essere loro i protagonisti dell'innovazione richiesta dalla nuova realtà epidemiologica del Paese. Al contrario se il medico di medicina generale continua a esercitare la professione nel chiuso del suo studio, separato dalle strutture pubbliche del territorio può diventare un elemento di inefficienza, sia dal punto di vista della spesa che da quello della qualità dei servizi.

Mi rendo conto che occorre alleggerire il peso della burocrazia, e l'attività coordinata nel Distretto e nelle Case della comunità può diventare un vantaggio anche da questo punto di vista, ma occorre intervenire e andrà cambiata l'attuale convenzione. Il confronto tra sindacati e governo e tra governo e regioni è in una fase di stallo. Non c'è accordo né sulle ore di presenza nelle Case della comunità che i medici di famiglia dovrebbero garantire, né sul percorso di formazione oggi affidato ai corsi triennali delle regioni. È necessario garantire competenze tecniche, professionali e relazionali con un corso di specializzazione universitaria di qualità, come tutti gli altri medici del Servizio sanitario nazionale.

La questione più spinosa è quella del passaggio alla dipendenza nel Servizio sanitario nazionale, che vede le principali associazioni di categoria nettamente contrarie. Penso che si debba ipotizzare una fase di transizione, che preveda l'ingresso dei nuovi specializzati come dipendenti e che lasci ai vecchi titolari della convenzione, la possibilità di scegliere se entrare come dipendenti o restare come liberi professionisti. In ogni caso va garantita la possibilità dei cittadini di scegliere il proprio medico di famiglia, un principio sancito fin dall'istituzione nel '78 del Servizio sanitario nazionale.

I dimenticati

In questo capitolo non si possono ignorare alcuni ambiti dell'assistenza garantita dal Distretto e di grande impatto sanitario e sociale. Penso alla salute mentale, alla prevenzione dell'Hiv e delle tossicodipendenze, alle malattie in fase terminale, alla disabilità e alla non autosufficienza.

Vent'anni fa, mentre si lavorava al decreto 229, tutti questi ambiti erano attraversati da una forte domanda di cambiamento che veniva sia dai diversi professionisti che dai pazienti e dalle loro famiglie. Persone particolarmente fragili, spesso socialmente più deboli ed emarginate, alle quali bisognava rispondere con interventi che in qualche modo anticipassero le norme sull'integrazione socio-sanitaria.

L'impegno fu in primo luogo finanziario, con un incremento di risorse indicato già nel Piano sanitario nazionale 1998-2000, ma poi anche normativo e culturale per favorire un approccio globale e sottrarre questi bisogni a una lunga marginalità politica. Un impegno affrontato in collaborazione con la ministra Livia Turco che stava lavorando alla prima legge quadro sull'assistenza, la 328 del 2000 che riconosceva il ruolo dei Comuni, espulsi dall'assistenza sanitaria con la controriforma De Lorenzo, e ridisegnava un sistema integrato di servizi sociali e socio-sanitari.

Sociale e sanitario non si limitano a convivere ma insieme strutturano un nuovo modello di integrazione capace di rispondere alla complessità dei bisogni della persona.

Questo modello stenta ancora a prendere corpo, anche per la mancata approvazione dei livelli essenziali delle prestazioni sociali (Leps)[30] e del finanziamento necessario a garantirne la tutela.

Mi limito a sottolineare alcuni temi per far capire i passi indietro compiuti nell'ultimo decennio e i ritardi accumulati.

Nella salute mentale assistiamo di fatto al tentativo di archiviare le esperienze innovative, avviate con il processo di chiusura dei manicomi, completato quando ero alla guida della sanità. Le novità organizzative del Progetto obiettivo salute mentale, sarebbero rimaste lettera morta se non avessimo vincolato una quota del 5 per cento del Fondo sanitario nazionale alla salute mentale e destinato una quota dei fondi per l'edilizia sanitaria alla realizzazione di strutture residenziali.

Ma quel vincolo, i governi successivi non l'hanno mai rispettato. La salute mentale è tra i settori più penalizzati: stanno scomparendo i dipartimenti mentre si moltiplicano strutture di lungodegenza e cliniche private, dove di fatto si torna a praticare il modello manicomiale della separazione tra i cosiddetti sani e i matti.

Oggi l'Italia si colloca agli ultimi posti in Europa per quota di spesa sanitaria dedicata all'assistenza psichiatrica di appena il 3 per cento del Fondo sanitario, mentre i principali Paesi ad alto reddito ne dedicano più del 10 per cento. Eppure, secondo i dati del Ministero della Salute, una persona su quattro ogni anno soffre di un disagio psichico, con un preoccupante aumento registrato con la pandemia Covid soprattutto tra adolescenti e giovani. C'è quindi una nuova e crescente domanda di presa in carico e di servizi rivolti alle famiglie, ma la risposta si orienta su misure una tantum come quella del «bonus psicologo», del tutto insufficiente. Mentre in Parlamento si affacciano proposte preoccupanti di ritorno al passato e al modello dei manicomi che negano l'autonomia e i diritti della persona malata.

Non diversamente si è ridotta anche l'offerta di servizi di prevenzione, diagnosi e cura delle diverse forme di dipendenza, come abuso di alcol, droghe e tabacco ma anche del gioco d'azzardo.

L'avvento delle droghe sintetiche e il consumo massiccio di cocaina ha provocato una sorta di assuefazione sociale, le istituzioni ne prendono atto e si concentrano sulla lotta, doverosa, dei traffici illegali senza però aiutare seriamente i consumatori più deboli. È la scelta culturale di una politica che risponde con la repressione alla complessità delle diverse forme di disagio sociale.

Infine, merita di essere ricordato il percorso che ha permesso l'ingresso delle cure palliative nei livelli essenziali di assistenza. Il primo passo, fu un decreto legge varato alla fine del 1998 per dare una risposta al bisogno di cura di migliaia di pazienti oncologici gravi e alle loro famiglie. Il decreto stanziava le risorse necessarie a potenziare l'assistenza domiciliare, le terapie del dolore e la realizzazione di strutture dedicate ai malati in condizioni critiche e con patologie irreversibili, garantendo una presa in carico e un'assistenza di qualità nella fase terminale della vita.

Dieci anni dopo, nel 2010, le cure palliative sono entrate nei livelli essenziali di assistenza ma ancora oggi, non sono garantite ovunque e in modo uniforme. Le regioni si sono mosse in ordine sparso e solo nel 2022 è stata istituita la specializzazione in medicina e cure palliative. Eppure una buona rete di cure palliative, organizzata con assistenza domiciliare e residenziale, con medici e infermieri specializzati nel prendersi cura e accompagnare la persona malata, può aiutare ad affrontare la fase delicata del fine vita e costituisce un requisito per il ricorso alle dichiarazioni anticipate di trattamento (legge 219/2017) o al suicidio medicalmente assistito come previsto dalla sentenza della Corte costituzionale n. 242/2019.

Dopo l'approvazione della legge quadro 328 del 2000, che ha avuto un'attuazione parziale, e dopo la riforma del Titolo V della Costituzione, nelle politiche sociali si è determinata una stratificazione normativa e una frammentazione delle risorse che ha vanificato l'approccio unitario e indebolito le risposte di assistenza alle persone più fragili e la lotta alla povertà, uno dei principali determinanti della salute.

Nei fatti, le scelte della politica di questi ultimi vent'anni dimostrano la sostanziale rimozione dell'impatto sul Sistema sanitario dell'invecchiamento del Paese e dell'aumento degli anziani non autosufficienti. È mancata la capacità di progettare il futuro e al tempo stesso si è ignorato il presente, con il suo carico di difficoltà per milioni di persone. La riforma è stata vanificata dall'assenza di programmazione e dalla parcellizzazione delle fonti di finanziamento. Sono stati attivati una quarantina di fondi di importi modesti, dalla non autosufficienza alle diverse disabilità e strumenti di contrasto della povertà, che non comunicano tra loro. È stata così vanificata la visione unitaria della legge 328 per favorire interventi parziali per lo più sotto forma di trasferimenti monetari che non aiutano a superare le condizioni di marginalità sociale. Con i soli assegni, per altro rivolti a gruppi sempre più ristretti i poveri restano poveri o peggio diventano più poveri.

Basta guardare agli ultimi dati Istat sui redditi degli italiani nel 2024 che mostrano il fallimento dell'Assegno di inclusione (Adi) introdotto dal governo Meloni per sostituire il Reddito di cittadinanza: ben 850mila famiglie, le più povere del Paese, hanno visto peggiorare il proprio reddito, o per essere state escluse dalla misura o per aver subito un taglio del 30 per cento dell'importo.

A quando le risorse per la non autosufficienza?

La moltiplicazione in tanti rivoli di risorse modeste ha penalizzato la presa in carico delle persone più fragili e degli anziani non autosufficienti, quasi quattro milioni di cittadini, un'emergenza che si trascina da tempo e che condiziona il benessere di milioni di famiglie. L'assistenza domiciliare, prevista dai livelli di assistenza in ambito sanitario, è garantita solo sporadicamente e di fatto limitata a poche prestazioni infermieristiche, del tutto insufficienti.

Anche in questa legislatura, insomma, i passi avanti sono davvero minimi. Solo nel 2023 è stata infatti approvata la legge 33, la tanto attesa riforma della non autosufficienza, che però deve essere completata con una serie di altri provvedimenti. Il governo si è mosso in ritardo, con una scelta che dilata nel tempo interventi che di giorno in giorno diventano sempre più urgenti.

La misura più attesa riguardava una «prestazione universale» a beneficio delle persone con disabilità. Nei fatti è diventato un bonus di 850 euro per persone ultraottantenni con disabilità gravissime (ad esempio in coma o stato vegetativo, o con gravissime paralisi neurologiche) e con un reddito Isee inferiore a seimila euro. Altro che prestazione universale, pochi soldi per pochissimi disabili: non si arriverà neanche alle venticinquemila persone stimate inizialmente dal governo.

Manca ancora una strategia unitaria che rafforzi e favorisca la cura degli anziani nella propria abitazione. A oggi prevale il fai da te delle famiglie, che si sobbarcano le spese per le o i badanti, per lo più stranieri accolti nelle nostre case che accudiscono per anni i nostri vecchi. Un fenomeno in crescita, sul quale non ci sono numeri certi.

Secondo fonti sindacali si tratta di circa un milione di lavoratori, perlopiù donne straniere. Numero destinato ad aumentare dal momento che nel 2042 si prevede che gli *over* 65 saranno quasi 19 milioni, il 34 per cento della popolazione e le fasce di età che cresceranno di più saranno quelle di settantacinque-ottantaquattro anni e di ottantacinque anni e più. La grande maggioranza lavora in nero, senza un contratto regolare, con un costo che varia dai 1200 ai 2000 euro al mese, ben al di sopra dei 600 euro al mese dell'assegno di accompagnamento per le persone non autosufficienti.

Secondo più enti di ricerca, nel triennio 2023-2025 il comparto del lavoro domestico avrà bisogno di una manodopera straniera che oscilla tra i 74 e gli 89mila lavoratori (ipotesi massima, che tiene conto anche della fuoriuscita dal mercato dei lavoratori domestici stranieri che nel frattempo raggiungeranno l'età pensionabile), per una media di 25-30mila nuovi inserimenti annui.

Di questi, gli immigrati non comunitari sarebbero tra i 57 e i 68mila, per una media annua di 19-23mila nuovi inserimenti. Una cifra molto al di sopra di quella fissata dal governo con l'ultimo decreto sui flussi per gestire l'ingresso regolare dei lavoratori stranieri.

Il lavoro di cura assicurato dalle famiglie non è riconosciuto e si affianca, dove ci sono disponibilità economiche, al ricovero nelle case di riposo per anziani e nelle Residenze sanitarie assistite. Una scelta imposta soprattutto dalla condizione di solitudine in cui si trova la maggioranza delle donne e degli uomini ultrasettantenni non autosufficienti.

Si tratta di strutture in prevalenza private spesso di grandi dimensioni, superiori ai 100 posti. È un mondo in cui non è garantita uniformità di trattamenti e abbastanza difficile da analizzare per la diversità dei modelli regionali. Secondo il Ministero della Salute nel 2022 si tratta di 3664 strutture, di cui solo 222 pubbliche e ben 3442 private accreditate. Le Residenze sanitarie assistite sono prevalentemente concentrate al Nord, con un divario di posti letto tra Nord e Sud che va dai 31 posti letto ogni mille residenti anziani nel Nordest, ai 5-6 ogni mille del Meridione. E anche in questo settore, si registra la crescita di grandi società e multinazionali che caratterizza, come vedremo, il più vistoso cambiamento in atto.

Il dibattito politico e culturale sulle Rsa innescato anche dal drammatico impatto della pandemia, aveva messo in discussione la natura di questa tipologia di assistenza che tende a separare e isolare l'anziano dal suo contesto familiare e affettivo. Non di rado purtroppo, le cronache locali, registrano episodi inaccettabili di segregazione e maltrattamenti nei confronti degli ospiti più vulnerabili. Episodi che ci interrogano sulla opportunità di sperimentare soluzioni residenziali nuove, più flessibili e capaci di offrire risposte personalizzate.

Tutti i governi che si sono susseguiti in questi ultimi decenni, occorre ripeterlo, non hanno voluto o non sono stati capaci di affrontare in modo adeguato il nodo della non autosufficienza. Ma non si può attendere oltre, l'invecchiamento della popolazione e la epidemia da cronicità rischiano di compromettere il futuro del Servizio sanitario nazionale.

6

L'Italia spezzata

Il governo regionale dei servizi sanitari, rafforzato con la modifica costituzionale del 2001, era già presente nella riforma del 1992, come abbiamo visto. Almeno da allora la sanità ha avuto un ruolo centrale nelle politiche regionali sia perché assorbe mediamente tre quarti dei loro bilanci, sia perché l'organizzazione della sanità è stata spesso utilizzata a fini identitari, e talora personalistici, in competizione col governo nazionale e con le altre regioni.

Tuttavia, il rispetto dei principi di universalismo e di equità che caratterizzano il Servizio sanitario nazionale richiede anche una forte e autorevole funzione di indirizzo e di monitoraggio centrale. In questi anni più volte abbiamo denunciato che le regioni si sono abbandonate a una sperimentazione creativa di modelli organizzativi e lo Stato centrale non ha esercitato il ruolo di coordinamento che la Costituzione gli affida. Si sostiene infatti da più parti che il nostro Ssn è la somma di venti Sistemi sanitari regionali e rischia di perdere il carattere di uniformità previsto dalla legge istitutiva. Il delicato equilibrio fra il ruolo e le funzioni dello Stato da un lato e delle regioni dall'altro non tollera a mio parere interventi laceranti come quelli prefigurati nel progetto della autonomia differenziata.

Il progetto di autonomia differenziata, legge 86/2024, la cosiddetta legge Calderoli, trasforma lo schema delle attuali relazioni fra lo Stato e le regioni e realizza una sorta di «regionalismo differenziato» che trasferisce le attuali competenze statali su un numero di ventitré materie alle regioni che ne facciano richiesta. Questo cambiamento di regime nelle relazioni fra lo Stato e le regioni produrrebbe una ferita profonda ai principi di uguaglianza e solidarietà alla base della nostra convivenza democratica e dell'idea stessa di cittadinanza. Esso ha anche un impatto specifico sulla tutela della salute e sul governo unitario del Servizio sanitario nazionale.

Poiché il trasferimento delle competenze dovrebbe avvenire attraverso un negoziato bilaterale fra il governo e ciascuna regione che lo richieda, il *nuovo* Servizio sanitario nazionale emergente dalla legge Calderoli sarebbe un agglomerato di regioni a statuto speciale, di regioni «ordinarie» e di regioni «differenziate», dotate di competenze diverse fra di loro rispetto a quelle originarie, prive di vincoli reciproci, salvo quelli volontariamente adottati.

Per avere una idea dei rischi che correrebbe il nostro Servizio sanitario se si applicasse la Calderoli in versione originale, cioè prima della sentenza demolitoria della Suprema corte, basta leggere le pre-intese siglate da alcune regioni (Veneto, Lombardia, Emilia-Romagna) con il governo Gentiloni.

Le funzioni richieste dalle regioni sono per una parte rivolte alla soluzione di problemi comuni a tutte le regioni e per l'altra parte finalizzate a incidere sulla natura stessa del sistema.

A mo' di esempio, che senso ha che il Veneto chieda autonomia per la convenzione dei medici di famiglia per assicurare la loro presenza nelle strutture del Distretto socio-sanitario se in tutta Italia si avverte la stessa esigenza? In una corretta visione unitaria dell'Italia questo problema andrebbe risolto in maniera uniforme, ne trarrà vantaggio la salute di tutti gli italiani.

Se invece si chiede l'autonomia per istituire nella propria regione il finanziamento attraverso le assicurazioni o l'equivalenza tra strutture private e strutture pubbliche (come chiede la Lombardia) è evidente che si intende modificare radicalmente i principi ispiratori di un sistema universalistico.

Entrambi gli esempi dimostrano che l'autonomia differenziata in sanità produrrebbe la fine del Ssn.

Così come la possibilità di introdurre tariffe differenti da parte delle singole regioni produrrebbe una competizione tra Servizi sanitari regionali, tipica di un sistema di mercato e non di una gestione dei servizi pubblici. Ugualmente le differenze nel trattamento del personale, rivendicato dalle regioni differenziate, creerebbero una pericolosa concorrenza e l'impoverimento delle regioni ordinarie.

Inoltre sarebbe difficile, se non impossibile, la programmazione delle grandi reti nazionali di servizi di eccellenza, come ad esempio quella degli Istituti di ricovero e cura a carattere scientifico (Irccs) e la stessa gestione della mobilità interregionale. Si potrebbero creare Sistemi sanitari regionali con struttura e criteri di funzionamento incompatibili con i principi fondamentali del Servizio sanitario nazionale.

Gli effetti distruttivi dell'autonomia differenziata sull'attuale ordinamento del Servizio sanitario nazionale nascono, a mio parere, dalla superficialità con cui sono state considerate le peculiarità della materia *tutela della salute* e della sua forma di governo. In primo luogo, la tutela della salute è una materia tipicamente trasversale, che ne interseca molte altre fra cui ad esempio ambiente, lavoro e sicurezza, protezione civile, commercio, alimentazione ecc. Se si vuole seguire la saggia massima della «salute in tutte le politiche», come potrebbe svolgere il suo ruolo il livello centrale in presenza di funzioni frantumate a geometria variabile fra le varie regioni?

Vedo infine un altro ordine di problemi, non meno rilevante, che riguarda la natura del bene tutela della salute e le sue forme di produzione. Se l'organizzazione della assistenza è squisitamente locale, in quanto deve soddisfare le preferenze della comunità di riferimento, e la sua produzione materiale è il prodotto di relazioni di cura intime ed empatiche, i loro effetti viaggiano lontano, per il singolo e per la collettività. Ogni comunità, ogni territorio, ogni regione è esposto agli effetti degli altri, come abbiamo imparato durante la pandemia. Ma è anche vero che l'assistenza sanitaria moderna richiede luoghi che aggregano competenze professionali e capacità tecnologiche, che sono dedicati alla cura ma si rivolgono anche, contemporaneamente, a soggetti distanti nel tempo e nello spazio. Gli Irccs e le aziende ospedaliero-universitarie ne sono un esempio. La loro attività di cura, di ricerca e di formazione ha come interlocutore l'intero mondo della ricerca e della innovazione, e come destinatari i professionisti del domani.

Pertanto, la tutela della salute non può esaurirsi nell'ambito di una singola regione, non importa quanto grande, quanto ricca, quanto brava. La produzione della assistenza sanitaria deve al tempo stesso soddisfare le esigenze locali e realizzare i principi universalisti ed egualitari del Ssn. A questo scopo, è necessario il concorso solidale e la leale collaborazione di tutte le articolazioni della Repubblica: Stato, regioni e autonomie locali. Come prescrive, con rara lungimiranza, l'articolo 32 della Costituzione, «La Repubblica tutela la salute come fondamentale diritto del singolo e interesse della collettività», e come è stato completato trent'anni dopo con l'articolo 1 della legge 833/1978 che, con brillante sintesi, individua nel costituendo Ssn lo strumento di attuazione dei suoi principi di universalismo equitativo: «La Repubblica tutela la salute come fondamentale diritto del singolo e interesse della collettività attraverso il Ssn».

E c'è una preoccupazione ben maggiore. Il comitato di esperti guidato da Sabino Cassese, che per conto del governo doveva stabilire quali fossero i livelli essenziali delle prestazioni, ha deciso di utilizzare il criterio della «soglia minima» per individuare questi livelli. In poche parole, il livello della tutela sociale garantita a tutti in modo uniforme si abbassa a un minimo per risparmiare sul finanziamento della sanità.

Questi criteri restrittivi nella selezione dei livelli essenziali delle prestazioni (Lep), che la legge Calderoli definisce «la soglia minima di spesa», oltre a condizionare la determinazione del fabbisogno complessivo del Ssn, pregiudicano l'uniformità della loro disponibilità effettiva nelle diverse regioni.

Infatti, tanto più restrittiva è la definizione dei Lep sanitari, tanto più limitata sarà la quota di risorse vincolate alla uniforme soddisfazione del diritto alla tutela della salute a disposizione di tutte le regioni, mentre le regioni «differenziate» potranno contare su più ampi margini di manovra sull'utilizzo delle risorse non vincolate per allargare le differenze con le altre regioni. Di conseguenza, i Lep costituirebbero per le regioni «differenziate» il *pavimento*, cioè il punto di partenza espandibile a piacere, del diritto alla salute.

È quindi evidente che, a carico del Fondo sanitario alimentato dalla fiscalità generale saranno erogate solo prestazioni sanitarie minime e per assicurare i livelli di assistenza davvero necessari si dovrà ricorrere a fondi assicurativi, ovviamente per coloro che se lo potranno permettere.

Il profilo istituzionale del *nuovo* Ssn disegnato dalle procedure della legge Calderoli trasforma la tutela della salute da un classico diritto di cittadinanza sociale a quello che gli economisti definiscono un «bene di club», un bene erogato e utilizzato da un gruppo circoscritto di persone che condividono i costi di produzione e la fruizione del bene prodotto, con la esclusione dei non membri. A me sembra che questo disegno sia in patente e clamoroso contrasto con i principi costituzionali di solidarietà e di equità sociale che assumono particolare rilievo in materia di tutela della salute ed è purtroppo rafforzato dalla introduzione del secondo pilastro che ostinatamente da più parti viene invocato: questa è la minaccia più grave alla universalità del Ssn.

Contro la legge Calderoli si è mobilitato un ampio fronte di opposizione politico, parlamentare e civile che, in poche settimane nell'estate del 2024, ha raccolto un milione e trecentomila firme per richiedere un referendum abrogativo. Contestualmente, alcune regioni hanno presentato ricorso davanti alla Corte costituzionale che è stato accolto su molti punti. La sentenza n. 192/2024 della Corte costituzionale ha profondamente inciso sulla legge Calderoli, sancendone l'illegittimità costituzionale in sette punti e dandone una lettura «costituzionalmente orientata» di altri cinque. I giudici costituzionali hanno chiarito che un regionalismo duale e competitivo è inammissibile e hanno definito le condizioni entro cui un regionalismo solidale e cooperativo è possibile. I punti più rilevanti riguardano, a mio parere, i principi generali del processo di devoluzione che, nella pronuncia della Corte, deve riguardare specifiche funzioni e non intere materie e può avvenire solo a fronte della dimostrazione, sulla base di una approfondita istruttoria, che l'esercizio delle funzioni devolute è nell'interesse generale e non della singola regione. Assume inoltre grandissimo rilievo la determinazione dei livelli essenziali delle prestazioni, non solo perché ne viene richiamata la effettiva garanzia e ciò presuppone che individuazione dei Lep e finanziamento devono essere contestuali ma anche perché introduce la netta distinzione fra livelli minimi e livelli essenziali delle prestazioni, allorché ribadisce che scopo dei Lep è di assicurare, ove possibile, uno standard di tutela *superiore* al nucleo minimo del diritto (punto 14 della sentenza). Si tratta infatti dell'esercizio di una scelta politica rivolta al benessere della società, all'eguaglianza sostanziale, alla tutela di una serie di diritti civili e sociali.

E pertanto i Livelli essenziali delle prestazioni costituiscono il nucleo invalicabile per erogare i servizi sociali di natura fondamentale; ciò che conta, nella clausola in questione, è scongiurare la diminuzione della protezione di alcuni diritti sotto una certa soglia, pena la rottura del legame sociale che dà vita alla cittadinanza. Non risultano persuasivi, pertanto, gli argomenti tesi ad appiattire il concetto di «livelli minimi» sulla dimensione economico-finanziaria, nel senso che questi, a differenza dei livelli essenziali, sarebbero puramente e semplicemente vincolati alle risorse disponibili, a prescindere da valutazioni sull'adeguatezza delle prestazioni offerte.

La sentenza n. 192/2024 della Corte ha spazzato via punti qualificanti della legge Calderoli, ma una successiva sentenza, pur ribadendo l'effetto «demolitorio» della prima, ha negato il referendum abrogativo proposto dal Comitato referendario.

Resta quindi aperta la possibilità che la legge venga riproposta, cercando di aggirare i vincoli della sentenza che secondo il ministro si possono recepire perché di scarso rilievo. Tant'è vero che con il decreto Milleproroghe del dicembre 2024 il ministro ha formalizzato il riconoscimento giuridico del lavoro svolto dal comitato Cassese contraddicendo l'indirizzo costituzionale che aveva sanzionato la «soglia minima» dei Lep e sta predisponendo una legge delega con la quale si appresta a chiedere al Parlamento una delega generica che lascerebbe mani libere per continuare il perverso disegno dell'autonomia differenziata.

Come evitare questo rischio?

Va mantenuto vivo il doppio fronte dell'opposizione, quello parlamentare e quello espresso dalle associazioni che hanno raccolto oltre un milione di firme di cittadini preoccupati dalla prospettiva di una spaccatura del Paese ancora più profonda. I due fronti si possono incontrare sul terreno di una riflessione che coinvolga anche le classi dirigenti delle assemblee regionali, sui limiti del regionalismo così come si è affermato in questi vent'anni. Da qui potrebbe scaturire l'impegno comune a tradurre in un disegno di legge alternativo le indicazioni della Consulta, coinvolgendo in questo percorso legislativo le necessarie competenze giuridiche, economiche, sociali, sanitarie, tecniche, ambientali. Sono profondamente convinta che l'obiettivo debba essere quello di uniformare al livello più alto della qualità del Servizio sanitario nazionale e non di dividere ulteriormente: i problemi che affliggono la sanità della Calabria sono più estesi e più gravi di quelli che affrontano i cittadini del Lazio o del Piemonte o della Lombardia, ma non sono diversi.

Non si tratta di rinnegare il regionalismo né di avere nostalgie di nuovo centralismo ma di chiedere che il livello centrale eserciti le prerogative costituzionali previste dall'articolo 120 della nostra Carta fondamentale in cui il potere sostitutivo del governo sulle regioni va esercitato non solo per garantire il pareggio di bilancio ma anche «quando lo richiedono la tutela dell'unità giuridica o dell'unità economica e in particolare la tutela dei livelli essenziali delle prestazioni concernenti i diritti civili e sociali».

7

Il tempo dell'impegno

Se la crisi del Servizio sanitario nazionale è una crisi di sistema è necessario offrire una nuova prospettiva all'altezza dei problemi esaminati fin qui. Una risposta al disagio dei cittadini, che non trovano soluzioni rapide ed efficaci, nonché all'amarezza di tanti operatori della sanità che vedono frustrata la passione per il loro lavoro.

Se la promessa di garantire buona salute a tutti sembra tradita, se le cose non funzionano come dovrebbero e le diseguaglianze aumentano, la responsabilità non può essere attribuita al modello del Servizio sanitario nazionale ma alla miopia della politica che per troppo tempo ha scelto di non intervenire sui nodi di maggiore sofferenza del sistema e ha preferito la strada dei rinvii di ogni decisione o delle proroghe di misure datate e sempre più inadeguate.

Questa noncuranza e la rassegnazione che accompagna l'attuale declino del sistema pubblico giocano a favore di chi propone di voltare pagina, passare a un altro Sistema sanitario e cancellare quel che resta della legge 833 e delle conquiste sociali degli ultimi cinquant'anni.

È ancora più incredibile che la soluzione alla crisi venga indicata in una frantumazione maggiore del carattere nazionale del Sistema sanitario e in una ulteriore espansione dei mercati privati. Le due spinte sono incoraggiate e direi persino pilotate dal governo che, per risparmiare, da un lato promuove la secessione delle regioni con l'autonomia differenziata e da un altro si propone di creare un secondo pilastro di finanziamento con le assicurazioni e i fondi sanitari privati.

Il guaio è che nessuno nella maggioranza spiega con chiarezza quali sono gli obiettivi di questi cambiamenti, presentati invece come le risposte per cancellare le diseguaglianze territoriali e assicurare la sostenibilità finanziaria e l'equità del Servizio sanitario nazionale.

Ma si tratta di vere e proprie *fake news*.

I fondi sanitari assicurativi sostituiscono un diritto con una possibilità. Il diritto costituzionale alla salute è garantito a tutti in modo uniforme e solidale mentre la possibilità di curare le malattie è misurata sulle disponibilità economiche dei singoli o sugli accordi contrattuali di particolari categorie di lavoratori. E come se non bastasse, la convivenza della sanità pubblica con il sistema assicurativo peggiora la qualità dell'assistenza per tutti senza produrre i risparmi promessi, basta guardare agli Stati Uniti che hanno la spesa sanitaria più alta del mondo e la più alta mortalità per malattie croniche tra i Paesi più avanzati del G7.

Questa prospettiva va fermata. La deriva del Servizio sanitario nazionale non è irreversibile. E neppure la sua definitiva mutazione in un sistema tripartito: con una sanità di serie A per chi gode di redditi alti e può pagare i ricchi premi assicurativi, una di serie B per i lavoratori che si vedranno riconoscere una qualche forma di welfare aziendale e infine una di serie C per i poveri e gli indigenti, i disoccupati e i disabili, chi non è ricco o non può lavorare, lasciati al sistema pubblico di assistenza destinato ad abbassare la qualità che lo ha caratterizzato per molti anni.

Al contrario si può ancora scommettere sul rilancio e la riqualificazione di un fondamentale pilastro della cittadinanza sociale. Il mio è un invito a lavorare insieme per cambiare le troppe cose che non vanno: migliorando la condizione di chi lavora nel Servizio sanitario nazionale e riportando al centro del sistema la cura delle persone.

In alcuni casi serviranno misure radicali in altri bisognerà usare il cacciavite, come direbbe Romano Prodi, ma sempre con la consapevolezza che il nostro sistema è come un malato che ha bisogno di grande rispetto e di una buona medicina.

Il primo passo deve essere quello di mettere fine al razionamento delle risorse.

Non è vero, come sostengono in tanti, che mancano i soldi e la coperta è troppo corta. Non è così e tutto dipende da cosa si vuole coprire. Vale la pena ricordare le parole di Roy Romanow, presidente della Commissione canadese chiamata a suggerire i miglioramenti al Servizio sanitario: «Non vi è alcuno standard su quanto un Paese dovrebbe spendere per la salute. La scelta riflette la storia, i valori e le priorità di ciascuno». E a conclusione di una lunga analisi affermava: «Il sistema è tanto sostenibile quanto noi vogliamo che lo sia».

La scelta è quindi sempre politica, si tratta di decidere se si governa nell'interesse generale per promuovere i diritti fondamentali di tutti, italiani e stranieri compresi, o se si favoriscono gli interessi di pochi.

Le risorse necessarie si possono recuperare anche in modo graduale, ma bisogna portare la dotazione del Fondo sanitario nazionale alla media dei principali Paesi europei che si aggira intorno al 10 per cento del Pil, raggiungendo da subito almeno il 7,5 per cento. Siamo nel club dei Paesi più ricchi, G7 e G20, e su cosa misuriamo la nostra ricchezza se non siamo capaci di tutelare alcuni diritti fondamentali?

Del resto anche la Consulta ha di recente ricordato che «il diritto alla salute, coinvolgendo primarie esigenze della persona umana, non può essere sacrificato fintanto che esistono risorse che il decisore politico ha la disponibilità di utilizzare per altri impieghi che non rivestono la medesima priorità».

Si tratta insomma, di decidere dove prendere i soldi e come distribuirli. Pensiamo al fisco: vogliamo combattere l'evasione fiscale o premiare i furbi con i condoni? Rispettiamo il principio costituzionale della progressività delle imposte o favoriamo i redditi più alti con la *flat tax*? Vanno tassate tutte le imprese che anche attraverso la pubblicità favoriscono consumi nocivi? Si possono tassare gli extraprofitti delle aziende più inquinanti, di quelle che producono armi o non rispettano i diritti dei lavoratori o si mina la competitività delle imprese?

Secondo Greenpeace Italia, in due anni di guerre in Ucraina e in Medio Oriente, gli utili delle prime dieci imprese italiane esportatrici di armamenti si sono moltiplicati, sia in termini di utile netto, con un aumento del 45 per cento (pari a 326 milioni di euro), sia in termini di flusso di cassa disponibile, con un balzo del 175 per cento (pari a 428 milioni di euro).

Mi pare evidente che per la sanità, come per la scuola, se c'è volontà politica i fondi si trovano. Certo bisogna respingere gli assalti delle *lobby* o le pressioni di poteri economici riluttanti, cosa che non ha fatto il nostro governo. La promessa tassazione degli extraprofitti delle banche è rimasta tale e, anche in questo caso, non si è passati dalle parole ai fatti. Mi rendo conto che in questa drammatica fase dell'economia mondiale possa sembrare una strada impossibile da percorrere, ma non si può pensare che a pagare il riarmo dei Paesi europei e la guerra commerciale scatenata dal presidente Trump siano ancora una volta le persone più fragili.

Per molti anni il ruolo del sistema pubblico è stato ridimensionato, circoscritto a compiti di regolazione per lasciare invece ai privati la gestione di settori importanti per la società. Ma in questo passaggio storico emerge con sempre maggiore chiarezza la necessità di recuperare anche in questi settori la gestione diretta.

E, nella sanità, occorre riaffermare il ruolo di programmazione, indirizzo e controllo dello Stato e delle regioni. È evidente che la modifica del Titolo V ha ridisegnato i rapporti tra governo e regioni ma quella riforma non prevede che la salute possa essere tutelata in venti modi diversi. Il governo del sistema è una responsabilità che va condivisa tra tutti i livelli, ma serve una direzione unitaria, altrimenti la prospettiva di una secessione dei ricchi sarà reale. Fermare l'autonomia differenziata significa anche salvaguardare risorse adeguate al Fondo sanitario in grado di garantire prestazioni appropriate e non minime, come ho più volte sottolineato. E vanno indirizzate prioritariamente a rafforzare la rete dei servizi erogati direttamente dalle strutture pubbliche e alle grandi emergenze del personale e della non autosufficienza.

Lo strumento più efficace per assicurare uniformità nella tutela del diritto alla salute e corretto utilizzo delle risorse è la programmazione nazionale e regionale. Il decreto 229, ancora in vigore, prevede l'approvazione triennale del Piano sanitario nazionale e dei piani sanitari regionali. Ma poiché in questi ultimi vent'anni né i governi né le regioni, salvo alcune, hanno programmato, potrebbe essere più realistico prevedere un arco temporale maggiore, pari alla durata delle legislature, per la definizione dei Piani con i quali stabilire la programmazione di risorse e servizi adeguati.

La loro funzione è quella di leggere l'evoluzione della domanda di salute, di aggiornare i livelli essenziali di assistenza, di individuare interventi che riducano le diseguaglianze, di indicare le finalità della ricerca e della formazione. E mentre spetta ai piani regionali la concreta attuazione in rapporto alla specificità di ciascun territorio è compito dello Stato indicare le priorità per un'offerta di salute sempre più efficace e appropriata. Il nuovo Titolo V ha indicato la tutela della salute come materia di responsabilità concorrente tra lo Stato e la regione. Quale strumento più utile della programmazione? Abbandonata in questi anni, ma necessaria per superare le difficoltà di questa fase. Addirittura indispensabile per accogliere le sfide di un'epoca di cambiamento caratterizzata dalle opportunità e dai rischi delle nuove tecnologie e dell'intelligenza artificiale.

Va inoltre sottolineato che mentre la definizione dei Lea viene approvata dal Parlamento il loro monitoraggio spetta al Ministero. Va superato il paradosso che a fronte di migliaia di Lea individuati, il monitoraggio venga svolto su 88 di cui solo 22 sono utilizzati per confrontare le performance dei Servizi sanitari regionali. Alterando di fatto la possibilità di verificare che sia assicurata l'uniformità e l'equità dell'assistenza sanitaria in tutto il territorio nazionale.

C'è bisogno di un piano straordinario che valorizzi tutti i professionisti del Servizio sanitario nazionale. Per cominciare servono nuove assunzioni del personale dipendente, eliminando il tetto che da vent'anni vincola l'adeguamento degli organici alle esigenze della finanza pubblica anziché ai bisogni di salute dei cittadini. È necessario garantire anche stipendi più vicini alle medie europee e rendere più gratificanti le condizioni di lavoro, migliorare il clima nell'ambiente di lavoro e valorizzare e riconoscere l'impegno profuso dagli operatori sanitari ben oltre gli obblighi contrattuali con nuove opportunità di aggiornamento, retribuzione e carriera. Bisogna restituire voce e responsabilità ai dirigenti sanitari coinvolgendoli nel governo clinico delle aziende. Un tema che va affrontato con un approccio nuovo, rispetto agli anni Novanta, tenendo conto del gigantismo che ormai caratterizza le aziende sanitarie locali il cui numero negli ultimi vent'anni si è dimezzato e le cui dimensioni sono diventate così grandi che è sempre più difficile coinvolgere tutti i professionisti nelle decisioni.

Non si può inoltre ignorare che il numero delle donne è prevalente, ma che a ciò non corrispondono possibilità di carriera e assegnazione di funzioni apicali.

Alla formazione va dedicata una attenzione particolare, con una puntuale ricognizione sulle specializzazioni in modo da incentivare le iscrizioni a quelle specialità che nel giro di un decennio risulteranno più sguarnite. Chi può negare che la formazione e l'inserimento nel Sistema sanitario di una adeguata dotazione di capitale umano sia altrettanto fondamentale quanto l'acquisto di nuove apparecchiature tecnologiche o la costruzione di strutture sanitarie e socio-sanitarie?

Ma va anche verificata con più attenzione la rete nazionale e regionale di corsi e seminari accreditati dal Ministero della Salute che permettono ai professionisti sanitari di maturare i crediti formativi. Anche per questo è necessario esigere rigore dal sistema che accredita chi fa formazione scientifica e aggiornamento. Un sistema che, coordinando tutte queste iniziative, possa garantire tanto i medici e gli operatori sanitari, quanto i cittadini. Bisogna restituire a tutti i professionisti della salute senso di appartenenza e l'orgoglio di lavorare per un sistema che è anche un bene comune.

Del resto, la carenza di personale può compromettere il decollo delle Case della comunità e della nuova medicina territoriale.

Il governo, come si è visto, non ha stanziato un euro in più per attuare una riforma strategica, messa in cantiere dopo la pandemia, legata al finanziamento del Piano nazionale di ripresa e resilienza.

L'Italia è l'unico tra i Paesi fondatori dell'Europa, a non destinare risorse adeguate alla non autosufficienza. Occorre superare la logica della frammentazione e costituire un Fondo, finanziato dalla fiscalità generale e vincolato a garantire le prestazioni sociali, oggi a carico delle famiglie, da affiancare all'assistenza sanitaria, per assicurare una tutela globale delle persone più fragili, non autosufficienti.

Durante la pandemia e prima che arrivassero i vaccini, siamo stati tutti esposti al contagio. Ma chi ha sofferto di più sono state le persone già fragili, affette da malattie più o meno gravi. Abbiamo avuto più morti tra gli anziani soli e non autosufficienti, ospitati in strutture sovraffollate, dove è mancata la medicina di prossimità, o dove non si è garantita una adeguata assistenza domiciliare o dove i medici di famiglia non sono stati in grado di prendersi cura dei loro assistiti.

In quei mesi abbiamo capito che l'organizzazione della sanità e dell'assistenza sociale doveva cambiare, per mettere al primo posto le cure primarie e l'assistenza alle persone non autosufficienti.

Su questo fronte si gioca la sopravvivenza del Servizio sanitario nazionale.

Occorre attuare in tutte le aziende sanitarie il Distretto socio-sanitario, con dimensioni adeguate a garantire una corretta programmazione dei servizi necessari a soddisfare la domanda di salute delle popolazioni, coinvolgendo la partecipazione dei Comuni e delle diverse articolazioni sociali. In questa prospettiva sarà importante evitare che i notevoli investimenti destinati alle Case della comunità finiscano per rafforzare la già considerevole quota di imprese private presenti in questo comparto.

Attenzione particolare andrà rivolta a potenziare l'assistenza domiciliare integrata per favorire quanto possibile la permanenza degli anziani nel loro ambiente familiare. Ma come detto va ripensato il modello delle Residenze sanitarie assistite, riducendo le loro dimensioni, riqualificando il personale e superando le forme di istituzionalizzazione che oggi sembrano prevalere.

Nella non autosufficienza si incrociano le questioni fin qui trattate: l'invecchiamento della popolazione associato all'epidemia delle cronicità, il finanziamento insufficiente del Fondo sanitario nazionale che non corregge vecchi squilibri tra le risorse per gli ospedali e quelle necessarie alle cure primarie e al territorio, l'evoluzione del mercato privato con nuove dinamiche imprese e fondi assicurativi, la fuga del personale dal Servizio sanitario nazionale, la solitudine delle famiglie.

Torno ancora una volta sulla lezione della pandemia, che andrebbe meglio definita sindemia, per l'incrocio tra la diffusione del virus e diversi fattori epidemiologici e sociali. Purtroppo si fa fatica ad affermare un approccio alla salute che attraversi tutte le politiche e metta in atto una efficace strategia di prevenzione. Penso alle morti e agli incidenti sul lavoro, triste primato italiano, e all'incidenza sulla salute delle tante forme di precarietà e sfruttamento che non rispettano la dignità delle lavoratrici e dei lavoratori. Oppure alle conseguenze drammatiche del cambiamento climatico sulla qualità dell'acqua e dell'aria, sulla sicurezza dei suoli.

E mentre si aspetta da quasi vent'anni un nuovo Piano sanitario nazionale, è rimasto in gran parte inattuato il Piano nazionale di prevenzione 2020-2025. Non c'è da stupirsi per questi ritardi, un serio sistema di prevenzione della salute dovrebbe essere nazionale e integrare i rischi ambientali e climatici con quelli legati al mondo del lavoro e della produzione. E come fare se con la legge Calderoli tutte queste materie diventano di competenza esclusiva delle regioni?

Tutelare la salute come un bene comune è possibile solo con un sistema pubblico, esso stesso organizzato e concepito come bene comune, come una grande impresa di solidarietà. E non si dica che rafforzare il primato della sanità pubblica equivale a mortificare le aziende private, il mondo del terzo settore o del volontariato. Al contrario si tratta di imprimere alla cooperazione tra pubblico, privato e privato sociale quell'orientamento al bene comune indicato nella nostra Costituzione.

Se la salute è un diritto fondamentale dell'individuo e un interesse della comunità può essere garantito soltanto da una sanità concepita come bene comune non come un affare privato. Spetta alla politica esercitare un governo autorevole che corregga le distorsioni di un rapporto sempre asimmetrico tra chi domanda salute, soprattutto se è fragile e povero, e chi è deputato ad assicurare la cura. Il medico, anche il più dedicato alla propria professione, è sempre più forte del suo paziente, tanto più lo sono le case farmaceutiche, le grandi holding private e spesso non lo sono meno le tutele e le garanzie di una burocrazia pubblica autoreferenziale. Se la politica è distratta, debole e magari compiacente nei confronti delle parti più forti, se rinuncia a svolgere con autorevolezza e libertà il suo compito di programmatore e regolatore del sistema, si rende responsabile più e prima di tutti della sua decadenza.

Al contrario di quanti affermano «fuori la politica dalla sanità» pensando così di risolvere i problemi, ritengo che la sanità sia un settore che più di altri invoca la responsabilità della politica. Non certo la spartizione partitica delle nomine o la ricerca del consenso elettorale clientelare, come spesso avviene. La sanità italiana ha bisogno della politica come governo della cosa pubblica, come tutela dell'interesse generale.

Non è facile affermare i valori della solidarietà in un tempo sempre più dominato dall'individualismo competitivo e da un diffuso egoismo sociale. Una cultura alimentata da insicurezze e paure, che considera incapaci e colpevoli tutti coloro che non hanno successo e si trovano ai gradini più bassi della scala sociale, come i poveri, i malati di mente, gli anziani e le persone disabili, i migranti. È la cultura che esalta la meritocrazia e offre legittimazione morale e politica alle diseguaglianze.

Non credo che ci si debba rassegnare alla prospettiva di una società che abbandona i capisaldi della Costituzione. Ma al contrario penso sia possibile tenere testa all'utilitarismo che alimenta questo tempo in cui infuriano troppe guerre guerreggiate con le armi e una nuova guerra guerreggiata con il denaro.

Sanità e salute hanno a che fare con i diritti umani e quindi con la giustizia sociale. L'esempio più disastroso di violazione dei diritti umani è la guerra, che impegna sempre, direttamente o indirettamente, anche la sanità. I conflitti armati distruggono le infrastrutture sanitarie, uccidono, feriscono e imprigionano gli operatori sanitari così come i civili, provocano migrazioni, talora a grande distanza, di coloro che li fuggono. Nelle guerre, la sanità è importante per quello che può fare per le vittime, civili e combattenti, e per chi tenta di fuggirle, come per quello che deve fare dopo, nella ricostruzione. Ma soprattutto per quello che può fare prima, per prevenire i conflitti armati.

Per questo è importante capire che la salvaguardia della sanità pubblica è una responsabilità di tutti.

Ciascuno di noi deve sentirsi parte del Servizio sanitario nazionale per il quale può fare molto: i politici con risorse e programmazione adeguati, i manager puntando sugli obiettivi di salute e non solo sul bilancio delle loro aziende con la prevenzione e il coinvolgimento dei professionisti e delle rappresentanze dei cittadini, i medici orientando il proprio lavoro sull'appropriatezza nella cura delle persone. Ma in questa graduatoria al primo posto ci sono tutti i cittadini che devono diventare più consapevoli nelle scelte che influenzano la salute.

In realtà dovremmo fare nostro l'insegnamento

della scuola di Barbiana e di don Milani: «Ho imparato che il problema degli altri è uguale al mio. Sortirne insieme è la politica, sortirne da soli è l'avarizia». Il benessere e le libertà a cui siamo affezionati non si difendono chiudendosi nel fortino dei privilegi di pochi ma praticando la logica della cura: avendo cura della nostra democrazia e dei suoi buoni frutti come il Servizio sanitario nazionale.

Lo ha detto con chiarezza anche Papa Francesco rivolgendosi ai medici italiani con un messaggio di cui condivido ogni parola: «La sanità pubblica italiana è fondata sui principi di universalità, equità, solidarietà, che però oggi rischiano di non essere applicati. Per favore, conservate questo sistema, che è un sistema popolare nel senso di servizio al popolo, e non cadete nell'idea forse troppo efficientista – alcuni dicono "moderna": soltanto la medicina assicurativa o quella a pagamento e poi nient'altro. No. Questo sistema va curato, va fatto crescere, perché è un sistema di servizio al popolo».[31]

PER NON DIMENTICARE

A volte ritornano

A conclusione di questa riflessione sulla sanità italiana, vorrei ripercorrere una vicenda emblematica che solo in apparenza appartiene al passato, il cosiddetto caso Di Bella. Può apparire un inutile esercizio di memoria. In realtà, la vicenda della presunta cura contro i tumori messa a punto da un fisiatra modenese, che divise l'Italia tra il dicembre del 1997 e il novembre del 1998, si offre come una lezione ancora attuale sui rapporti tra medico e paziente, salute e mercato, scienza e politica.

Per me è anche il doloroso ricordo di mesi difficili. Difficili per le invasioni improprie di una certa politica nel campo della scienza, per i tentativi di delegittimare l'azione di governo e le istituzioni della sanità pubblica, per il frastuono dei media che, non sempre in buona fede, hanno alimentato false speranze e opposte tifoserie. Doloroso perché tutto questo si è consumato sulla pelle dei malati di cancro, spettatori inermi e disorientati di uno scontro che non volevo, e che ho sempre cercato di evitare.

L'affaire *Di Bella esplode ufficialmente il 16 dicembre 1997 quando il pretore di Maglie Carlo Madaro obbliga la Asl Lecce1 a somministrare gratuitamente a un bambino affetto da tumore al cervello il cocktail di farmaci e integratori messo a punto dal professore modenese Luigi Di Bella. L'ordinanza di Madaro funzionò come la miccia di una esplosione a catena che ben presto coinvolse tutto il Paese in uno scontro politico sulla libertà di cura.*

In realtà già mesi prima, nel febbraio del '96, la Commissione oncologica nazionale, alla richiesta di un parere sull'efficacia del trattamento proposto dal professore, aveva sottolineato l'assenza di evidenze scientifiche. All'epoca nessun giornale importante e nessuna televisione nazionale si erano occupati della questione.

Lontano dai riflettori si muovevano solo le associazioni di familiari dei malati che chiedevano al Ministero di autorizzare la gratuità della somatostatina, un farmaco molto costoso utilizzato da Di Bella e registrato dall'azienda produttrice con indicazioni terapeutiche diverse dai tumori. La Commissione unica del farmaco (Cuf), l'organismo tecnico-scientifico cui spettava per legge una decisione in tal senso, nel gennaio del '97 dichiarava che non erano emersi elementi nuovi, tali da attribuire alla somatostatina proprietà antitumorali, e ricordava che solo una seria sperimentazione clinica poteva documentare l'efficacia del trattamento. Quel parere avrebbe dovuto tacitare ogni pretesa di fornire a spese dello Stato una terapia fino a quel momento mai sperimentata. E invece, la risposta delle istituzioni che non chiudeva alla collaborazione, ma indicava la via da percorrere, fu vissuta come uno smacco inaccettabile dai seguaci del professore che, dalle pressioni di natura lobbistica sul Gabinetto ministeriale, passarono a una campagna di stampa per pubblicizzare il trattamento e insinuare sospetti sui comportamenti delle istituzioni.

Una studiata strategia mediatica

L'offensiva mediatica si sviluppò tra la primavera e l'autunno del '97 con trasmissioni sulle reti Mediaset, sit-in davanti al Ministero, servizi nei Tg, un convegno all'Hotel Excelsior di Roma alla presenza del professore (pubblicizzato sulle principali testate nazionali); due puntate di Moby Dick *condotte da Michele Santoro, il 6 e il 18 novembre '97.*

Il Ministero continuava a cercare un terreno di incontro e, in occasione del convegno romano, ricevetti una delegazione dell'Aian[32] *alla quale proposi un nuovo e più approfondito esame del caso da parte degli organismi scientifici del Ministero, la cui com-*

posizione era stata ampiamente rinnovata poco prima, e chiesi di acquisire almeno cento cartelle cliniche di pazienti trattati dal professore, per poter valutare gli effetti del suo trattamento.

In attesa della documentazione venne chiesto alla Cuf di considerare la possibilità di autorizzare l'uso compassionevole della somatostatina.[33] *Ma i risultati degli studi a disposizione non giustificavano una simile procedura e la Commissione si dichiarò contraria. Peraltro, la stessa azienda che produceva quel farmaco comunicò al Ministero di non avere la necessaria documentazione scientifica sull'attività antitumorale della somatostatina.*

Come si vede, già prima della sentenza di Maglie, e della ventata di veleni e polemiche scatenata sul ministro, avevo cercato di ricondurre la vicenda sui binari di un percorso razionale e legale. Tentativi condotti alla luce del sole e senza mai forzare le regole. Al contrario fu ben presto evidente la strumentalità con cui l'opposizione di centrodestra e in particolare Alleanza Nazionale si schierò al fianco dei sostenitori del professore modenese, invocando la libertà di cura per attaccare l'oncologia italiana e screditare il Servizio sanitario nazionale. Anche una parte della stampa italiana ha contribuito a drammatizzare la vicenda, accreditando senza le doverose verifiche le pseudo-verità dei dibelliani e seminando dubbi sulla buona fede delle istituzioni.

Fronteggiare un'emergenza sanitaria

La decisione di avviare una sperimentazione prese le mosse da un ordine del giorno del Senato approvato a larga maggioranza il 22 dicembre del '97 che accordava al governo trenta giorni di tempo per accertare i presupposti scientifici di una sperimentazione. Fu la prima forzatura istituzionale che nelle intenzioni della destra avrebbe costretto in un angolo il ministro, e che invece permise di aggirare il rifiuto del professore a sottoporsi in modo autonomo a ogni verifica scientifica. Per attuare la richiesta del Parlamento fu quindi emanata un'ordinanza che impose la consegna ai Nuclei tutela della salute dei carabinieri (Nas) di almeno cento cartelle cliniche di pazienti trattati con il metodo del professore modenese. L'esame della documentazione raccolta (settanta cartelle cliniche) fu affidato a un gruppo di oncologi, coordinato da Lorenzo Tomatis, all'epoca direttore dell'Iarc, l'Agenzia internazionale di ricerche sul cancro dell'Oms.

Ma non bastava raccogliere le cartelle cliniche. Era indispensabile ottenere anche il consenso dell'anziano professore. Lo invitai perciò, formalmente, a partecipare ai lavori della nuova Commissione oncologica, che si sarebbe riunita il 14 gennaio del '98.

La sera prima, in un faccia a faccia televisivo condotto da Maurizio Costanzo ed Enrico Mentana e seguito da 12 milioni di telespettatori, Luigi Di Bella accettava il mio invito e annunciava la sua collaborazione a una sperimentazione. La Commissione oncologica di cui facevano parte il premio Nobel Renato Dulbecco e il professor Umberto Veronesi, dopo aver ascoltato il professore, diede il suo via libera alla sperimentazione. Una scelta dettata da una vera e propria emergenza sociale che aveva pesanti ripercussioni per la vita di migliaia di malati oncologici. Eravamo consapevoli del disorientamento e dell'angoscia di tante famiglie, e in assenza di convincenti presupposti scientifici le motivazioni della sperimentazione furono dettate essenzialmente da ragioni di sanità pubblica.

Il governo, con una assunzione di responsabilità collegiale, decise di procedere con un decreto legge che avrebbe garantito la serietà della sperimentazione e il carattere «eccezionale» delle disposizioni previste, legate a una situazione del tutto straordinaria.

Il decreto definiva il ruolo degli organismi tecnico-scientifici del Ministero, stanziava le risorse necessarie alla sperimentazione, affrontava i problemi legati alle preparazioni galeniche e al prezzo dei medicinali e regolava la possibilità di prescrivere i farmaci anche al di fuori della sperimentazione. Duramente contestato dai dibelliani che non volevano estendere a tutti i malati la richiesta del consenso informato, il decreto imponeva di comunicare ai pazienti il carat-

tere sperimentale della terapia e di certificare che non vi fossero alternative efficaci. Ma non piaceva neppure la norma che imponeva ai farmacisti di trasmettere al Ministero una copia delle ricette. Un obbligo introdotto per stroncare il mercato delle prescrizioni spedite ai malati via fax e via internet o copiate da chissà chi. Avevamo notato che i seguaci del professore pubblicizzavano elenchi di medici e farmacie considerati affidabili, mentre le denunce sulla carenza di medicinali si accompagnavano alle indicazioni su quali farmacie contattare per ottenerli. Emergeva insomma una dimensione affaristica in contrasto con l'immagine del medico disinteressato, altruista e mai esoso che accompagnava Luigi Di Bella.

La sperimentazione necessaria

Non fu semplice avviare la sperimentazione che cominciò ai primi di marzo, dopo la messa a punto dei protocolli nel corso di una riunione a Bologna tra il professore e il gruppo di lavoro della Commissione oncologica coordinato da Veronesi e Tomatis. Approvati dagli organismi scientifici del Ministero e dal Comitato nazionale di bioetica, di cui faceva parte Rita Levi Montalcini, i protocolli furono quindi tutti firmati a Roma da Umberto Veronesi e Luigi Di Bella. La macchina organizzativa si mise in moto con il coordinamento dell'Istituto superiore di sanità, affiancato da un Comitato di esperti internazionali.[34]

Lo studio di fase II[35] *coinvolgeva seicento pazienti reclutati con nove protocolli, ognuno dei quali destinato a una particolare linea tumorale. Su richiesta delle regioni fu approvato anche uno studio osservazionale su duemila pazienti, organizzato su base regionale e limitato ai malati in fase critica. Lombardia e Puglia, governate dal centrodestra, avevano deciso di avviare una propria sperimentazione per scavalcare il Ministero, anche se con gli stessi protocolli di quella ufficiale. Farmindustria e Ministero si accordarono sul prezzo politico della somatostatina, per tutta la durata della sperimentazione, mentre l'Istituto farmaceutico militare di Firenze fu incaricato di produrre, secondo le indicazioni fornite dal professore, lo sciroppo ai retinoidi che veniva somministrato insieme ai farmaci indicati nei protocolli e le pasticche di melatonina.*

Iniziava il momento più delicato, nel quale avrebbero dovuto prevalere silenzio e rispetto per chi si sottoponeva al trattamento e per quanti erano coinvolti nella gestione dei protocolli.

Ma il clima non si rasserenava, tutt'altro. Nonostante l'intesa iniziale, ripetuti e spesso irresponsabili furono i tentativi di delegittimare e mettere in scacco, insieme al ministro, medici e ricercatori della sanità pubblica. Malintesi, forzature e contesta-

zioni politiche continuavano ad alimentare lo scontro, culminato nella protesta di piazza contro il decreto legge. I dibelliani, con il supporto decisivo di Alleanza Nazionale, organizzarono a Roma una marcia con centinaia di sostenitori davanti a Palazzo Chigi e al Quirinale. Quel giorno, nello studio di Enrico Micheli, allora sottosegretario alla Presidenza del Consiglio, e dopo aver parlato con Romano Prodi, chiamai al telefono il professor Di Bella per sgombrare il campo da ogni equivoco e disinnescare in modo definitivo le strumentalizzazioni. Lo raggiunsi, poche ore dopo, nella sua abitazione a Modena e non fu difficile in un nuovo colloquio faccia a faccia ritrovare l'intesa. Si trattò, in realtà, di una semplice tregua.

Nuova legna al fuoco delle polemiche veniva aggiunta dagli interventi del Tar del Lazio, con maldestre e inopportune invasioni di campo sull'autonomia del governo che provocarono il commento indignato del presidente della Repubblica, Oscar Luigi Scalfaro. Anche la Corte Costituzionale fu interpellata ed emise una sentenza che obbligava il Ministero a estendere la gratuità del trattamento a tutti i pazienti indigenti fino alla conclusione della sperimentazione. Mentre le indagini del procuratore di Torino Raffaele Guariniello offrivano la sponda ai sospetti di una manipolazione dei protocolli. Sentenze che finirono nel nulla e indagini che furono archi-

viate ma che contribuivano a esasperare l'attenzione dei media e la confusione nell'opinione pubblica.

A fine giugno il clima iniziò a cambiare. Lo studio retrospettivo condotto dalla professoressa Eva Buiatti sui dati dell'archivio che lo stesso Di Bella aveva aperto alla consultazione, giunse a una prima conclusione del tutto negativa. Poche settimane più tardi fu il turno della Regione Lombardia che l'11 luglio rese noti i risultati, anche questi fallimentari, della sua sperimentazione. La strumentalità della sperimentazione lombarda fu confermata dalle parole del presidente Formigoni: «Il nostro obiettivo non era quello di convalidare la cura Di Bella, ma di ribadire il principio che il diritto alla vita è inviolabile quanto il diritto alla libertà di scelta della cura».

I dati ufficiali relativi a quattro protocolli furono divulgati dall'Istituto superiore di sanità il 28 luglio con un verdetto impietoso: nessuno dei pazienti trattati aveva mostrato un miglioramento obiettivo, mentre il 75 per cento presentava un progresso nella malattia e il 9 per cento nessun cambiamento. Pochi mesi dopo, quel risultato fu confermato anche dagli ultimi cinque protocolli.

La sperimentazione nazionale si chiuse il 13 novembre: su 386 pazienti trattati solo tre avevano mostrato una parziale risposta positiva al trattamento. In nessun caso – concludeva il Comitato guida – gli esiti degli studi autorizzavano il proseguimento dell'in-

dagine con una sperimentazione di fase III. Nel documento finale predisposto dall'Istituto superiore di sanità si legge: «Potevamo non fare la sperimentazione? Certamente no. Tutta l'Italia si è domandata se la terapia Di Bella funzionasse. L'autorità sanitaria non poteva mancare di rispondere. Era un dovere non solo verso la conoscenza scientifica, ma prima di tutto verso i malati, i loro familiari, i cittadini. Accanto a quello che abbiamo potuto appurare scientificamente, questa esperienza ci ha insegnato molte cose che non risiedono solo nel metodo. La più importante delle quali è forse che la fiducia tra il paziente e il suo medico è un bene prezioso, attualmente in crisi, e che dobbiamo tutti cercare di preservare».[36]

La rivista «Nature» dedicò un editoriale alla conclusione della nostra sperimentazione, dando atto al ministro della Sanità di aver avuto un comportamento corretto.[37] *Ma anche gli esiti dello studio furono subito disconosciuti dai sostenitori del professore. Non avevano mai voluto fino in fondo la sperimentazione, e ora si rifiutavano di accettare il verdetto finale. Anche se provocata da un contesto tutt'altro che scientifico, anche se imposta da ragioni di sanità pubblica, la sperimentazione si era svolta con la massima serietà, secondo le rigorose procedure approvate dalla ricerca biomedica, per tutelare innanzitutto i malati e la credibilità degli scienziati e degli operatori coinvolti.*

Invasioni di campo

In tutta questa vicenda una certa politica ha svolto un ruolo improprio e deformante. La destra ha scelto di strumentalizzare il dolore: ha cavalcato ed esasperato alcune fragilità culturali del Paese per sferrare un attacco frontale al Sistema sanitario nazionale. Contestando le regole che il ministro cercava di affermare, la Puglia e la Lombardia, regioni governate dal Polo, decisero in anticipo e in modo autonomo l'avvio di pseudo-sperimentazioni locali e autorizzarono l'uso gratuito della somatostatina, sia pure limitata ai malati più gravi e in fase critica. Si alimentò così la contrapposizione tra due messaggi falsi ma speculari. Da una parte la disponibilità generosa dei politici locali, pronti a rispondere ai bisogni più urgenti dei loro cittadini e, dall'altra, l'insensibilità della ministra cattolica dell'Ulivo, che resisteva alle ragioni del cuore evocando aridamente regole e procedure.

Alle convenienze di una parte della politica e alle sue strumentalizzazioni si affiancò il ruolo del tutto improprio di alcuni pretori e giudici di Tar che si attribuirono il compito di «somministratori» del trattamento, senza avere la competenza clinica necessaria, né prove serie di efficacia. Un ruolo stigmatizzato con sarcasmo dalla rivista «The Lancet» in un articolo dal titolo «Più giudizio clinico, meno giu-

dici clinici».[38] *Per alcuni mesi la razionalità del metodo scientifico fu declassata a mera opinione e come tale suscettibile di essere contestata come qualsiasi altra opzione culturale o politica. Da parte dei media si arrivò al paradosso di applicare alla medicina e alle terapie anticancro il criterio della* par condicio. *Legittimo nelle campagne elettorali ma assolutamente improponibile nell'orizzonte del sapere biomedico. A ogni interlocutore della medicina ufficiale veniva infatti contrapposto un seguace del «multitrattamento», a ogni malato guarito con la chemioterapia una persona che sosteneva di essere guarita con la somatostatina. Poco importava se in realtà si trattava di una malattia diversa dal tumore o che la guarigione dipendeva da altri fattori, come il chemioterapico utilizzato anche dal professore o un intervento chirurgico risolutivo.*

Il caso Di Bella è stato in primo luogo un fenomeno sociale, specchio delle disfunzioni del Servizio sanitario nazionale e della crescente insoddisfazione per una medicina troppo impersonale e anonima. E su quei ritardi e su quel malessere si è inserito anche un disegno politico, teso a delegittimare moralmente e politicamente il ministro della Sanità e una riforma che aveva appena cominciato il suo cammino parlamentare, non a caso fortemente rallentato. Non è una lettura forzata di ciò che avvenne allora. Sulla libertà di cura, la riforma del '99 assumeva una prospettiva totalmente diversa rispetto a chi la rivendicava per un trattamento la cui efficacia non era stata ancora dimostrata e voleva comunque ottenerlo a spese del Servizio sanitario nazionale. Ed è paradossale che la somatostatina di Stato fosse pretesa da chi voleva ridimensionare la sanità pubblica. «In Italia i lavoratori pagano una quota notevole dei loro stipendi per l'assistenza sanitaria e potrebbero con quegli stessi soldi stipulare una polizza di assicurazione, anziché darli allo Stato. Quando serve, si tira fuori, come si fa per la macchina, e poi ci si fa curare non solo da chi si vuole ma anche con le terapie e con i mezzi che si vogliono. Per i meno abbienti, che non hanno soldi per le polizze, lo Stato potrebbe intervenire con dei sussidi economici finalizzati alla stipula di una polizza. Credo che costerebbe di meno aiutare le persone povere a comprare una polizza assicurativa, piuttosto che averli a carico del Ssn.»[39] *Così si esprimeva il pretore Madaro, un anno dopo la sperimentazione.*

Una prospettiva non così lontana da chi definiva la mia riforma «statalista» e oggi propone il passaggio al sistema assicurativo, presentato come un modello di sanità che garantisce più libertà di scelta ai cittadini e maggiori risparmi alle casse dello Stato. Come se l'assicurazione sanitaria fosse un onere economico solo per chi stipula la polizza privata e non, invece, come abbiamo visto in queste pagine, un costo per tutta la collettività.

Libertà di cura contro regole della cura

All'inizio della vicenda Di Bella nessuno, tranne il ministro, aveva chiesto di sottoporre il multitrattamento a una verifica seria e rigorosa. Non la chiedeva il professore che per anni aveva lavorato nel proprio studio in un isolamento davvero anacronistico. Non la chiedevano i suoi sostenitori, che avrebbero voluto un riconoscimento ufficiale fondato sostanzialmente su un atto di fede nei confronti del «maestro». Né una verifica era stata proposta dalle aziende produttrici di somatostatina, le prime interessate per evidenti ragioni di mercato a un eventuale successo della sperimentazione. La stessa comunità scientifica nazionale per mesi si era sentita estranea alla questione. Gli oncologi mostravano diffidenza e anche ostilità verso un collega considerato un irregolare e accettarono di percorrere la strada della sperimentazione solo quando ebbero la certezza che i rischi e la responsabilità sarebbero stati condivisi con il ministro.

In quei mesi difficili abbiamo difeso le istituzioni pubbliche, la scienza e la razionalità. È stato affermato un principio importante: nessuna cura può sfuggire al vaglio di una sperimentazione, all'attenta valutazione dei costi e dei benefici. Ci siamo schierati al fianco dell'oncologia italiana, pur conoscendone limiti e insufficienze. Abbiamo aperto la strada al riconoscimento

scimento delle cure palliative nei livelli essenziali di assistenza e finanziato un importante programma per realizzare in tutte le regioni gli hospice e garantire così attenzione e qualità di vita anche a chi affronta un male così terribile e devastante come il tumore.

Ci siamo interrogati sulla libertà della cura. E siamo stati attraversati dal bisogno confuso ma profondo di un'altra medicina, meno iper*specialistica e impersonale, capace di rispettare l'autonomia del malato e la sua soggettività. Questo bisogno ha trovato una sponda nella critica alla medicina ufficiale e nella richiesta della libertà di cura.*

Ma fino a che punto è libera la scelta tra ciò che fa bene e ciò che non serve a nulla? Se non si è informati correttamente da professionisti competenti sulle conseguenze di un percorso terapeutico si è davvero liberi di decidere quale strada intraprendere? Quando si è malati, la libertà si esercita se si può scegliere in modo consapevole tra cure e terapie di cui è stata dimostrata l'efficacia e la sicurezza. È questa la libertà difesa e garantita da una sanità basata sulle buone pratiche, da un Servizio sanitario nazionale che nelle regole della cura combina appropriatezza ed equità.

La dimostrazione scientifica che il multitrattamento Di Bella non era efficace ha smascherato anche la sostanza tutta ideologica e partitica della battaglia per una presunta libertà di cura.

Un'anomalia italiana?

Se osserviamo le difficoltà in cui si dibatte il Servizio sanitario nazionale dobbiamo riconoscere che non si è fatto abbastanza per rispondere al bisogno di cura e garantire a tutti equità e qualità nell'accesso ai servizi.

E il caso Di Bella non appare più, come vent'anni fa, un'anomalia italiana.

Oggi la comunità scientifica mondiale deve fare i conti con le ricadute delle politiche sovraniste e del populismo tecnocratico.

Già durante il Covid erano tornati a galla paure irrazionali, sospetti e diffidenza nei confronti della scienza. E non sono mancate le strumentalizzazioni politiche. Anche allora la destra ha contestato le misure di protezione sanitaria adottate per contenere la diffusione del virus. Giorgia Meloni all'epoca segretaria di Fratelli d'Italia si schierò con molta nettezza contro l'obbligo vaccinale, accusando il governo di poca trasparenza e scarsa informazione. Se il mondo dei NoVax *e di chi contestava il* green pass *era ideologicamente diversificato, non si può negare che soprattutto gruppi di estrema destra hanno veicolato le tesi complottiste e, in nome della libertà di scelta, monopolizzato le forme più agguerrite di protesta sfociate nell'assalto squadrista, nell'ottobre del 2021, alla sede nazionale della Cgil a Roma.*

Non stupisce quindi l'intento punitivo con cui, all'inizio della nuova legislatura, la maggioranza di destra ha costituito una Commissione d'inchiesta parlamentare sulla gestione dell'emergenza Covid. Né che il governo, abbia prima sospeso e poi condonato la multa di 100 euro a chi non aveva rispettato l'obbligo della vaccinazione.

Ma le conseguenze più gravi si sono registrate quando Meloni ha schierato l'Italia al fianco dell'America di Trump e del suo ministro No Vax sui temi della salute globale.

L'astensione del nostro governo all'accordo sulle pandemie approvato, nel maggio scorso, dall'Organizzazione mondiale della sanità è un grave colpo alla credibilità e alla storia della cooperazione in materia sanitaria del Paese. Una decisione scandalosa che può avere conseguenze importanti sulla capacità di fronteggiare future epidemie ma che conferma la strategia di progressivo smantellamento dei capisaldi della sanità pubblica perseguita dalla destra al governo.

Note

[1] Art. 6 del D.L. 384/1992, abrogato dalla legge 537/1993 (ministro della Sanità Mariapia Garavaglia).
[2] Drg: *Diagnosis Related Groups*, Raggruppamenti omogenei di diagnosi, a cui si associano specifiche tariffe per le attività degli ospedali pubblici e privati accreditati.
[3] D.lgs. 517/93.
[4] Ho ripercorso le tappe e le difficoltà di quella esperienza in Rosy Bindi, *La salute impaziente,* Jaca Book, Milano 2005.
[5] Nell'estate del '97 l'associazione degli industriali aveva presentato un documento, *Proposte per una nuova sanità*, con cui si proponeva di mettere fine al sistema universalistico. La proposta venne illustrata dal direttore generale, Innocenzo Cipolletta, sul «Sole 24 Ore» del 23 agosto 1997 con il titolo eloquente *L'intervento pubblico va limitato a chi ha bisogno. Agli altri va data libertà di scelta – L'assistenza per tutti è contro l'equità.*
[6] L'articolo 1 al comma 3 affermava: «L'individuazione dei livelli essenziali e uniformi di assistenza assicurati dal Servizio sanitario nazionale, per il periodo di validità del Piano sanitario nazionale, è effettuata contestualmente all'individuazione delle risorse finanziarie destinate al Servizio sanitario nazionale».
[7] I tetti di spesa per il personale del Ssn iniziano con la legge

266/2005 (governo Berlusconi III, ministro della Salute Storace) e permangono immutati fino al 2019 quando vengono (solo) parzialmente rivisti, una prima volta con la legge 60/2019 (governo Conte I, ministro della Salute Speranza) e successivamente con la legge 157/2019 (governo Conte II, ministro della Salute Speranza) e poi ulteriormente precisati con la legge 107/2024 (governo Meloni, ministro della Salute Schillaci). Il tetto di spesa è tuttora vigente.

[8] Nell'anno 2007 sono stati sottoscritti gli Accordi per i piani di rientro delle regioni Lazio, Campania, Liguria, Molise, Abruzzo, Sicilia e Sardegna (Liguria e Sardegna hanno concluso il Piano nell'anno 2009). Nel 2009 ha predisposto il Piano di rientro la regione Calabria. Nell'anno 2010 si sono aggiunte anche Piemonte e Puglia. Attualmente sono ancora sottoposte alla disciplina dei Piani di rientro sette regioni: Abruzzo, Calabria, Campania, Lazio, Molise, Puglia e Sicilia. Delle regioni sottoposte a Piano di rientro, sono state commissariate: Abruzzo, Campania, Lazio, Molise e Calabria (quest'ultima è sottoposta a una speciale normativa a causa di gravi inadempienze).

[9] Audizione della presidente dell'Ufficio parlamentare di bilancio nell'ambito delle audizioni preliminari all'esame del disegno di legge di bilancio per il 2025, 5 novembre 2024.

[10] Osservatorio conti pubblici italiani, *Cent'anni di spesa sanitaria pubblica: serie storica e previsioni aggiornate (1960-2070)*, 27 febbraio 2025, Università Cattolica Sacro Cuore (a cura di C. Cignarella).

[11] Corte dei conti, *Audizione sul Documento di Finanza Pubblica 2025*, aprile 2025.

[12] I medici italiani sopra i cinquantacinque anni sono il 53,9 per cento mentre i tedeschi sono il 43,5 per cento e i francesi il 43,4 per cento.

[13] Federazione nazionale ordini professioni infermieristiche.

[14] Relazione Istat audizione Commissione cultura Camera dei deputati, 30 gennaio 2024. Si veda anche Rapporto Agenas, *Il*

personale del Servizio sanitario nazionale, 2023. L'«imbuto formativo» è la differenza fra i laureati e le disponibilità delle scuole di specialità; l'«imbuto occupazionale», più laureati specializzati rispetto al fabbisogno.

[15] Rapporto Anac sul ricorso alla esternalizzazione di personale medico e infermieristico nel Ssn, 25 febbraio 2025.

[16] Negli anni, lo sforamento è stato mediamente di circa 2 miliardi di euro, incidendo sul 10 per cento del fatturato delle imprese per gli acquisti diretti del Ssn.

[17] Dichiarazione Ansa del 2 aprile 2025.

[18] Art. 46 legge 833/1978.

[19] Terzo rapporto del Ministero della Salute sui fondi integrativi del Servizio sanitario nazionale.

[20] Audizione X Commissione Senato della Repubblica su indagine conoscitiva fondi integrativi, 26 giugno 2023.

[21] Le tariffe dei ricoveri ospedalieri oggi in vigore sono state stabilite con un decreto interministeriale dell'ottobre 2012 e si riferiscono a una classificazione dei Drg del 2008, in parte superata dalle innovazioni introdotte nella pratica medica negli ultimi quindici anni. Mentre il nuovo Nomenclatore per le analisi di laboratorio, la specialistica ambulatoriale e la protesica è stato emanato alla fine del 2024 e nei fatti rappresenta l'unico aggiornamento dal 1996.

[22] Le Asl sono passate da 228 nel 1996 a 120 nel 2017; siamo passati da circa 86mila residenti per Usl nel 1991 ai circa 505mila nel 2017.

[23] Legge 138/2004, che introduce la reversibilità della scelta per il rapporto esclusivo e abolisce l'incompatibilità per i primari.

[24] Decreto legislativo 124/1998.

[25] Decreto legge 13 settembre 2012, n. 158, convertito con modificazioni dalla L. 8 novembre 2012, n. 189.

[26] R. Horton, *The neglected epidemic of chronic disease*, in «The Lancet», Vol. 366, n. 9496, pag. 1514, 29 ottobre 2005.

[27] Decreto legge 158/2012.

[28] Agenzia nazionale per i Servizi sanitari regionali.

[29] Gavino Maciocco, *La Casa della salute delle Piagge*, Salute internazionale, 15 gennaio 2020.
[30] Legge bilancio 197/2022; 159 prestazioni e servizi sociali garantiti in modo uniforme.
[31] Udienza del 18 novembre 2023.
[32] Un'associazione che si formò attorno al metodo Di Bella.
[33] Si tratta dell'autorizzazione all'uso gratuito di un farmaco in casi circoscritti e nell'ambito di particolari condizioni di verifica e applicazione terapeutica.
[34] P. Calabresi (New England Cancer Society Providence, USA), F. Cavalli (Divisione oncologica, Ospedale san Giovanni Bellinzona, Svizzera), P. Kleiheus (International Agency Research on Cancer, Francia), J.G. Mcvie (Cancer Research Campaign, Gran Bretagna), H. Pinedo (New Drug Development Office - EORTC Dept. Oncology, Olanda), K. Sikoda (International Agency Research on Cancer, Francia), T. Tursz (Institut Gustave-Roussy, Francia).
[35] Lo studio di fase II è destinato a saggiare l'attività di un farmaco. La fase I, invece, serve a verificare il primo utilizzo nell'uomo di un nuovo prodotto. Questa fase venne saltata perché i componenti del multitrattamento di Bella erano già conosciuti e utilizzati, anche per patologie diverse dal tumore. Se i risultati della fase II fossero stati positivi si sarebbe passati alla fase III che, attraverso il confronto con altri farmaci, misura l'efficacia di una nuova terapia.
[36] Documento presentato nella conferenza stampa dell'Istituto superiore di sanità il 13 novembre 1998.
[37] «Nature», *Support for a pragmatic health minister*, n. 6675, aprile 1998.
[38] «The Lancet», *More clinical judgement, fewer clinical judges*, n. 9099, gennaio 1998.
[39] Intervista a Carlo Madaro, in Cesare Fassari e Giuseppe Petrella, *Un anno con Di Bella*, Esis 1999.

Bibliografia

Rosy Bindi, *La salute impaziente*, Jaca Book, Milano 2005.

Nerina Dirindin, *È tutta salute. In difesa della sanità pubblica*, Edizioni Gruppo Abele, Torino 2018.

Francesco Taroni, *Il volo del calabrone*, Il Pensiero Scientifico Editore, Roma 2019.

Nerina Dirindin e Enza Caruso, *Salute ed economia*, Il Mulino, Bologna 2019.

Marco Geddes da Filicaia, *Breve ma veridica storia dell'attività libero-professionale intramoenia*, Il Pensiero Scientifico Editore, Roma 2023.

Chiara Giorgi, *La salute per tutti. Storia della sanità in Italia dal dopoguerra a oggi*, Editori Laterza, Roma-Bari 2024.

Francesco Pallante, *Spezzare l'Italia*, Einaudi, Torino 2024.

Ringraziamenti

Ringrazio per i preziosi suggerimenti e contributi:

Nerina Dirindin
Marco Geddes da Filicaia
Margherita Miotto
Paolo Rappuoli
Francesco Taroni

con i quali abbiamo dato vita all'Associazione Salute Diritto Fondamentale e con i quali ho condiviso negli anni l'impegno per la sanità pubblica.

Indice

Finito di stampare nel mese di luglio 2025
per conto di RCS MediaGroup S.p.A.,
da Rotolito S.p.A., Via Sondrio, 3, Pioltello (Milano)
Printed in Italy